CHARISMA

Eva Wlodarek

JEDER MENSCH HAT

CHARISMA

Lassen Sie
Ihre Persönlichkeit
leuchten

KÖSEL

MIX
Papier | Fördert gute Waldnutzung
FSC® C083411
FSC www.fsc.org

Klimaneutral
Druckprodukt
ClimatePartner.com/14044-1912-1001

Penguin Random House Verlagsgruppe FSC® N001967

2. Auflage 2023

Umschlag: Weiss Werkstatt, München
Umschlagmotiv: shutterstock / Anastasia Nio
Satz: Vornehm Mediengestaltung GmbH, München
Druck und Bindung: CPI books GmbH, Leck
Printed in Germany
ISBN 978-3-466-34626-4
www.koesel.de

Inhalt

Wie die Persönlichkeit durch Charisma leuchtet 9
Was bedeutet Persönlichkeit? 10
Was bedeutet Charisma? 11
Sich entfalten statt sich optimieren 17
Grenzen der Veränderung 20
Routenplaner zum Charisma 23

Warum wir nicht so leuchten, wie wir könnten 25
Tausch: Soziales Verhalten gegen Liebe 26
Die Vergangenheit bleibt aktuell 29
Negative Muster auflösen 34

Warum sympathische Kommunikation wichtig ist 51
Sympathien gewinnen mit Körpersprache 54
Sympathien gewinnen mit Kleidung 64
Sympathien gewinnen mit der richtigen Wortwahl 75

Die drei Kernkompetenzen von Charisma 90
Autorität 91
Wärme 104
Interesse 114

Die Kür des charismatischen Verhaltens 124
Wertschätzung zeigen 125
Anregend sein 132
Offen sein 137
Freundlich sein 145
Großzügig sein 151

Erotische Ausstrahlung durch Charisma 160
Das erotische Kapital der Frauen 160
Das erotische Kapital der Männer 162
Test: Wo liegt mein erotisches Kapital? 163

Wie man mit Charisma Krisen bewältigt 171
Charisma entsteht durch Herausforderung 172
Charisma hilft in schwierigen Zeiten 174

Mit Charisma leben 184
Charisma genießen 184
Charisma zieht Ablehnung an 185
Mut zum Charisma 187

Dank 189
Bibliographie 190

Für Felix und Mali

Wie die Persönlichkeit durch Charisma leuchtet

Vermutlich habe ich Sie mit dem spektakulären Begriff »Charisma« verlockt, zu diesem Buch zu greifen. Darum geht es natürlich auch in aller Ausführlichkeit, aber mein wahres Herzensanliegen habe ich im Untertitel versteckt, nämlich wie Sie Ihre Persönlichkeit leuchten lassen.

Ich bin schon so vielen großartigen Menschen begegnet, die ihr Licht unter den Scheffel stellen. Sie glauben von sich, sie seien uninteressant, hätten keine besonderen Fähigkeiten, wären nicht ausreichend attraktiv, gebildet oder liebenswert. Sie hadern mit ihren Schwächen und wünschen sich oft, ganz anders zu sein. Selbst wenn sie wissen, was sie wert sind, passen sie sich ihrer Umgebung zu sehr an, damit sie beliebt sind und sich nicht isoliert fühlen. Gewiss ist es im wahrsten Sinne des Wortes einleuchtend, dass auf diese Weise ein großer Teil dessen, was ihre Person anziehend machen könnte, nicht zum Vorschein kommt. Vermutlich trifft das für die meisten von uns zu. Wer ist schon von Hause aus so umwerfend selbstbewusst und strahlend, dass andere nur noch hingerissen sind?

Einige wenige Menschen kommen offenbar schon leuchtend zur Welt. Wo sie erscheinen, stehen sie ganz selbstverständlich im Mittelpunkt. Alles schart sich um sie, hört ihnen gebannt zu, will ihnen gefallen. Aber das sind eher die Ausnahmen. Und es ist kein Grund, neidisch zu sein, denn es gilt zu verstehen: Wir haben immer dann eine echte Wirkung auf andere, wenn wir unsere Persönlichkeit liebevoll annehmen und so gut wie möglich entfalten, um sie zum Leuchten zu bringen. Dann müssen wir »nur« noch eine Reihe von Kommunikationsregeln kennen und anwenden, um diese leuchtende Persönlichkeit auch charismatisch wirken zu lassen.

Was bedeutet Persönlichkeit?

An der Hamburger Universität hielt ich im Rahmen der Erwachsenenbildung eine Vorlesungsreihe mit dem Titel »Ihr Trumpf im Job: Persönlichkeit«. Dazu interviewte mich eine Redakteurin vom *Hamburger Abendblatt*. Ihre erste Frage lautete: »Was ist eigentlich die Persönlichkeit eines Menschen? Wie beschreibt eine Psychologin den Begriff?« Ich stellte die Gegenfrage: »Geben Sie mir für die Antwort mindestens eine Doppelseite im Blatt?« Es existieren nämlich so viele unterschiedliche Persönlichkeitstheorien, dass man keine verbindliche wissenschaftliche Definition des Begriffs angeben kann. Schon Gründerväter der Persönlichkeitspsychologie wie Gordon W. Allport zitieren in ihren Lehrbüchern Dutzende von unterschiedlichen Definitionen. Es ist jedoch möglich, die »Persönlichkeit« ganz praktisch zu erfassen. Allgemein versteht man nämlich darunter die Individualität eines Menschen, also die Eigenschaften, mit denen er sich von anderen unterscheidet. Die Persönlichkeit setzt sich aus genetischen Anlagen zusammen, die wiederum durch Erziehung und Erfahrung beeinflusst werden. Das Ergebnis ist bei niemandem vollkommen gleich, nicht einmal bei eineiigen Zwillingen. Und genau darum geht es: um unsere Einzigartigkeit. Sie ist die Grundlage für unsere Wirkung auf andere. Wir müssen quasi erst ein Licht in uns anzünden, ehe wir auch äußerlich strahlen können. Deshalb ist es so wichtig, dass wir uns unserer Einzigartigkeit bewusst werden und sie schätzen. Das bedeutet: Statt uns zu vergleichen und dabei möglicherweise den Kürzeren zu ziehen, sind wir stolz auf unsere eigenen Vorzüge. Statt uns selbst ständig für vermeintliche Schwächen zu kritisieren, lieben wir uns so, wie wir sind. Statt uns ängstlich anzupassen, stehen wir selbstbewusst zu unserer Individualität. Damit haben wir die Grundlage geschaffen, dass das eigene Licht charismatisch nach außen dringen kann.

Was bedeutet Charisma?

Der Begriff »Charisma« taucht regelmäßig auf. In Zeitschriften, im Radio und Fernsehen, manchmal auch in Gesprächen über jemanden, den man persönlich kennt. Wir wissen dann intuitiv, was gemeint ist: eine ganz besondere Ausstrahlung. Neu ist das Wort nicht: Charisma hat eine lange Geschichte, die im Himmel beginnt und schließlich auf der Erde endet. Aus dem Griechischen übersetzt bedeutet es »Gnadengabe«. Im Neuen Testament taucht »Charisma« im Sinne einer spontanen göttlichen Erleuchtung auf, nachzulesen in der Apostelgeschichte: An Pfingsten inspirierte der Heilige Geist die Jünger Jesu zu Prophetie und Wundertaten. Jahrhunderte später verwendete der Soziologe Max Weber als einer der Ersten diesen Begriff für eine Herrschaftsform, die nicht allein durch politische Macht, sondern durch persönliche Qualitäten legitimiert wird, was auch ohne religiösen Bezug noch etwas von einer »Gnadengabe« hat.

Dann versuchte man in den Wirtschaftswissenschaften, charismatische Eigenschaften von Führungspersönlichkeiten zu benennen und messbar zu machen. Inzwischen haben Psychologen auf diesem Gebiet weitergeforscht und beschreiben die »Gnadengabe« als eine Reihe von speziellen kommunikativen Eigenschaften. So hat der US-Sozialpsychologe Ronald Riggio mit seinem »Social Skills Inventory« einen Fragebogen entwickelt, mit dem er Charisma zu erfassen glaubt. Seine drei Hauptkomponenten sind Expressivität, Kontrolle und Sensitivität.

Expressivität beinhaltet die Fähigkeit, geschickt zu kommunizieren und auf positive Weise Gefühle zu vermitteln.

Kontrolle bedeutet, sich auf unterschiedliche Menschen und Situationen individuell einstellen zu können.

Sensitivität ermöglicht es, einfühlsam und wertschätzend Verbindung zu anderen Personen aufzunehmen.

Auch zahlreiche Praktiker haben sich dieses Phänomens angenommen. Für die amerikanische Charisma-Trainerin Olivia Fox Cabane zum Beispiel gibt es vier unterschiedliche Charisma-Stile:

1. »Fokus-Charisma« basiert auf Präsenz, der Fähigkeit, ganz im Hier und Jetzt zu sein und sich auf andere einzustellen.
2. »Visionäres Charisma« beruht darauf, dass man den Glauben an eine bestimmte Sache ausstrahlt.

3. »Güte-Charisma« beruht auf Herzenswärme.
4. »Autoritäts-Charisma« stützt sich auf Selbstvertrauen und Status.

Auf diese Eigenschaften hin coacht Cabane erfolgreich Spitzenmanager der »Fortune Global 500«, eine jährlich erscheinende Liste der 500 umsatzstärksten Unternehmen der Welt, die vom US-amerikanischen Wirtschaftsmagazin *Fortune* veröffentlicht wird.

Das klingt alles sehr positiv. Doch es lässt sich nicht verschweigen, dass Charisma auch eine finstere Seite hat, denn Despoten und Diktatoren wie Hitler, Mussolini oder Stalin wird oder wurde es ebenfalls zugesprochen. Deren Charisma trug dazu bei, ihre Anhänger zu mörderischen Taten zu verführen. Auch Gurus und Sektenführer missbrauchen es häufig, wie der Japaner Shōkō Asahara, der die Mitglieder seiner Aum-Sekte dazu anstiftete, Giftgas in U-Bahn-Zügen zu verströmen. Oder der selbst ernannte Prediger Jim Jones, der seine Jünger des Peoples Temple in den Massenselbstmord von Jonestown trieb. Psychopathen nutzen für ihre Manipulation charismatische Anteile wie Autorität, rhetorische Techniken und die Übertragung einer (in diesen Fällen obskuren) Vision.

Dass Charisma auch eine dunkle Seite hat, sollte also nicht in Vergessenheit geraten, und sie schwingt unbewusst immer mit, wenn wir von Charisma sprechen. Aber so, wie man mit einem Messer Rosen schneiden oder jemanden erstechen kann, so ist es auch bei Charisma eine Frage des Motivs, was damit bewirkt wird. Zur hellen wie zur dunklen Seite passt die allgemeine Definition: »Charisma bezeichnet die Fähigkeit, Aufmerksamkeit zu erlangen und durch die Art des Auftretens das Gefühl, Denken und Handeln anderer zu beeinflussen.« In meinem Buch soll ausschließlich von seiner positiven Wirkung die Rede sein.

Was bringt Charisma?

Die eigene Persönlichkeit zu entfalten und die nötigen kommunikativen Fähigkeiten zu erwerben erfordert Einsatz. Da möchte man doch schon genauer wissen, wofür man das auf sich nehmen soll. Dazu kann ich guten Gewissens eine üppige Liste von Belohnungen aufführen. Wenn wir uns darum bemühen, Charisma zu entwickeln, dann sind nicht nur wir selbst glücklicher. Andere sind gerne mit uns zusammen, suchen unsere Nähe und Freundschaft. Wir erhalten interessante Einladungen und haben beruflich mehr Chancen. Wo wir auftreten, werden wir positiv wahrgenommen. Man merkt sich unser Gesicht und unseren Namen. Wir bekommen viel Lob und Anerkennung. Für unsere Ziele finden wir leichter als bisher Mitstreiter und Verbündete. Wir sind beliebt und in Netzwerke eingebunden. Unsere Erfolge lassen sich für unsere sozialen Beziehungen, unsere Partnerschaft, unsere Tätigkeiten und Aufgaben konkret belegen und messen.

Im Laufe der Jahre habe ich bei Klienten, Seminarteilnehmern und in meinem privaten Umfeld wunderbare Veränderungen erlebt. Bei einigen bedurfte es nur noch eines Anstoßes, um charismatische Kräfte freizusetzen, bei manchen war es ein längerer Prozess. Für die Tatsache, dass es möglich ist, die eigene Persönlichkeit zum Leuchten zu bringen und Charisma zu entwickeln, gibt es jedenfalls zahlreiche Belege, wie etwa die folgende Geschichte:

Daisy Fellowes, eine reiche New Yorkerin, gibt einem bekannten Society-Maler den Auftrag, sie zu porträtieren. Als das Gemälde, das sie bisher nur als Skizze gesehen hat, fertig ist, erscheint sie in seinem Atelier, um es abzuholen. Eine ganze Weile starrt sie schweigend auf die Leinwand. Dann sagt sie: »Selbstverständlich zahle ich Ihr Honorar, aber ich mag das Bild absolut nicht.« Was sie so heftig ablehnt, bezieht sich nicht auf die mangelnde Kunstfertigkeit des Malers, sondern ihre Selbstwahrnehmung. Sie hat erkannt, dass sie der Frau auf dem Gemälde tatsächlich ähnlich sieht: eine fade Person ohne Ausstrahlung. Daisy Fellowes' Reaktion darauf ist ungewöhnlich. Zunächst zieht sie sich komplett aus dem Gesellschaftsleben zurück. Sie ändert ihre Garderobe und findet einen anderen Friseur. Und dann beginnt sie mit ihrer eigentlichen Transformation. Sie liest jede Menge Bücher. Sie geht regelmäßig ins Theater. Sie besucht Galerien. Museen werden ihr zweites Zuhause. Am Ende ihrer persönlichen Lehrzeit taucht sie völlig verwandelt wieder auf. Aus der unscheinbaren Lady ist eine faszinierende Frau geworden, die von da an in der New Yorker Gesellschaft bewundert wird und eine große Rolle spielt.

Nun wollen die meisten von uns nicht unbedingt die Society ihres Wohnortes beeindrucken, doch der Kern dieser Geschichte ist: Man kann sich eine charismatische Ausstrahlung erarbeiten. Das belegen auch wissenschaftliche Studien. John Antonakis, Professor an der Universität von Lausanne, stellte die Hypothese auf, dass Charisma erlernbar ist. Und das bewies er folgendermaßen: Seine Versuchspersonen waren Führungskräfte. Sie erhielten zunächst ein umfangreiches Feedback zu ihrer Persönlichkeit. Anschließend arbeiteten sie nach einem vorgegebenen Programm an bestimmten

Verhaltensweisen, die üblicherweise als charismatisch gelten. Drei Monate später erhielten sie erneut eine Rückmeldung zu ihrer Person und ihrem Verhalten. Und tatsächlich: Wer das Training durchlaufen hatte, bekam nun in puncto Charisma deutlich höhere Werte.

Timo, 35, Fotograf, hatte früher trotz hervorragender Arbeitsergebnisse Mühe, von Zeitschriftenredaktionen Aufträge zu bekommen. Ganz auf seine Kunst fixiert, fehlte ihm die Fähigkeit, gute Kontakte zu den Redaktionen herzustellen. Nachdem er mit einem Coach daran gearbeitet hat, Charisma zu entwickeln, wird er immer wieder gerne gebucht.

Silke, 49, Geschäftsfrau, mailte mir nach den »Charisma Days«, einem Intensiv-Seminar: »Nichts ist mehr so, wie es vorher war. Plötzlich bekomme ich von allen Seiten nette Einladungen von Leuten, an denen man schon seit Jahren vorbeigeht. Und ich habe einen wunderbaren Mann kennengelernt, der mich auf Händen trägt.«

Neben den Vorteilen für das tägliche Leben birgt Charisma noch einen spirituellen Aspekt. Der amerikanische Lyriker und Diplomat James Russell Lowell formulierte es so: »Niemand wird in diese Welt geboren, ohne dass seine Aufgabe gleich mitgeboren wird.« Unsere einmaligen genetischen Anlagen befähigen uns meist besonders auf einem bestimmten Gebiet, etwa zu heilen, zu helfen, zu erziehen, zu entdecken, zu vermitteln, zu führen, zu lehren, zu forschen, zu produzieren oder zu gestalten. Mit Charisma erfüllt man diese Aufgabe wesentlich besser, weil man in der Lage ist, die Menschen emotional zu berühren, denen man begegnet. Man inspiriert sie. Viele Erwachsene berichten etwa, dass ihnen in ihrer Schulzeit ein charismatischer Lehrer die lebenslange Liebe zu einem Thema vermittelt hat, ähnlich wie der Englischlehrer John Keating in dem Film *Der Club der toten Dichter*, der seinen Schülern die Welt der Literatur nahebringt, indem er sie in sich selbst entdecken lässt, statt sie auswendig lernen zu lassen.

Ich selbst bekam als Studentin einen Eindruck davon, welche Wirkung eine charismatische Persönlichkeit haben kann. Am Psychologischen Institut der Universität Hamburg gab Carl Rogers, der Begründer der Gesprächstherapie, mit einer Kommilitonin, die sich dazu freiwillig gemeldet hatte, eine Probe seiner Arbeit als Gesprächstherapeut. Es war faszinierend, wie es ihm allein durch seine charismatische Ausstrahlung gelang, dass ihm die Probandin vertraute und sich öffnete. Dabei hörte er überwiegend zu und stellte nur wenige Fragen. Das eigene Charisma zu entwickeln lohnt sich eben nicht nur für einen selbst, sondern hat auch positive Folgen für die Menschen, denen man begegnet.

Sich entfalten statt sich optimieren

Trotz kleiner Abweichungen stimmen die Aussagen darüber, was Charisma bedeutet, heutzutage weitgehend überein. Offenbar hat die Psychologie dieses ehemals geheimnisvolle »gewisse Etwas« entzaubert: Die scheinbar magische Wirkung beruht auf Einstellungen und Verhaltensweisen, die sich benennen lassen. Aus den Ergebnissen der Forschung und vielen praktischen Erfahrungen habe ich einmal zusammengestellt, was charismatische Menschen auszeichnet:

- Sie sind engagiert und begeistern andere für das, was sie lieben oder für richtig halten. Dabei strahlen sie Energie aus.

- Sie können überzeugend reden und ihre Zuhörer mit Kreativität, Geschichten, Bildern oder Informationen fesseln.
- Sie stehen zu ihrer Individualität, sind mutig und unkonventionell in Handeln, Auftreten und Kleidung. Gleichzeitig finden sie das rechte Maß und wissen, wo Anpassung angebracht ist.
- Sie sind selbstbewusst, kennen ihre Stärken und Schwächen. Für ihre Fehler übernehmen sie die Verantwortung. Auch durch ihre Körpersprache strahlen sie Sicherheit aus.
- Sie besitzen die Fähigkeit, sich in andere einzufühlen, und haben ein Gespür für die jeweilige Situation. Im Gespräch konzentrieren sie sich voll und ganz auf ihr Gegenüber und bringen ihm Wertschätzung entgegen. Sie sind in der Lage, sich zurückzunehmen.

Das hört sich ziemlich perfekt an. Wenn wir uns mit dieser Qualitätenliste vergleichen, kommen wir in manchen Punkten wahrscheinlich nicht so gut weg. Es geht aber auch nicht um Perfektion. Entscheidend ist vielmehr, ob man selbst etwas ändern möchte. Lesen Sie sich die Charakteristik deshalb noch einmal unter diesem Aspekt durch und schauen Sie, was Sie sich für sich persönlich wünschen. Es geht um Eigenschaften, die längst in Ihnen stecken und nur hervorgelockt werden müssen. Im Grunde handelt es sich nämlich um die Beschreibung eines selbstbewussten Menschen mit sozialer Kompetenz. Darum geht es, wenn man sein Charisma entfaltet: Man befreit sich von Einschränkungen und entwickelt einen positiven Kommunikationsstil, mit dem man seine Mitmenschen für sich gewinnt. Das tut man in erster Linie für sich selbst, gemäß dem Sinnspruch des griechischen Dichters Pindar: »Werde, der du bist.« Das Leben macht einfach mehr Spaß, wenn man ganz man selbst ist und damit gleichzeitig bei anderen gut ankommt – weil man eben Charisma hat.

Die meisten Menschen haben jedoch eine gewisse Scheu, Charisma mit sich selbst in Verbindung zu bringen. Wenn nämlich von charismatischen Personen die Rede ist, dann sind diese meist bedeutend oder berühmt. »Klassiker« sind z.B. John F. Kennedy, Nelson Mandela, Pablo Picasso, Marilyn Monroe. Gegenwärtig als charismatisch angesehen werden etwa der Dalai Lama, Papst Franziskus, Madonna – die Liste ließe sich nach Belieben verlängern. Aber doch wohl kaum mit unseren unbedeutenden Namen? Das sehe ich anders. Ich bin eine leidenschaftliche Verfechterin der These, dass jeder Mensch von Hause aus die Anlage zu Charisma besitzt. Ich bin zutiefst davon überzeugt, dass wir alle in unserer individuellen Persönlichkeit diese »Gnadengabe« als Mitgift bekommen haben. Allerdings würde ich auch nicht jede Person, die mir begegnet, automatisch als charismatisch bezeichnen. Manche sind unfreundlich, haben eine abweisende Körpersprache oder kommunizieren ungeschickt. Trotzdem tragen auch sie das Potenzial in sich, eine charismatische Erscheinung zu sein; es ist nur noch unentdeckt und damit unterentwickelt. Den Beweis für diese These liefern ausgerechnet prominente Menschen, die allgemein als charismatisch bezeichnet werden, die aber nicht von Anfang an diese besondere Ausstrahlung hatten. So belegen beispielsweise Videos, dass die ersten öffentlichen Auftritte von Steve Jobs, dem charismatischen Begründer von Apple, keineswegs so legendär waren wie seine späteren Präsentationen. Lady Di, die charismatische »Königin der Herzen«, war bei ihrer Heirat eine junge Frau mit scheuem Lächeln, verkrampfter Gestik und geringen rhetorischen Fähigkeiten. Die meisten

Lichtgestalten mussten auch erst lernen, ihre Persönlichkeit zu entfalten und wirkungsvoll zu kommunizieren. Und diese Beispiele zeigen: Was ihnen gelungen ist, ist jedem möglich. Deshalb definiere ich Charisma auch folgendermaßen: Charisma ist eine besonders intensive Form, die individuelle Persönlichkeit leuchten zu lassen und andere damit für sich zu gewinnen. Dafür muss man weder außerordentlich talentiert sein noch eine bedeutende Position innehaben. Man kann Fußballtrainer oder Erzieherin, Zahnarzt oder Lehrerin, Buchhändlerin oder Unternehmensberater, Mutter oder Nachbar sein: Voraussetzung ist, dass man seine Persönlichkeit entfaltet und sie in der Kommunikation mit anderen auf positive Weise zur Geltung bringt.

Grenzen der Veränderung

Es ist ein faszinierender Gedanke, dass viel mehr in einem steckt, als man zunächst sieht. Dass sich die Persönlichkeit zum Leuchten bringen lässt und dass es möglich ist, Charisma zu entwickeln. Doch bevor wir damit beginnen, sollten wir vorsorglich einen Blick darauf werfen, inwieweit wir uns tatsächlich verändern können. Denn wenn wir unsere Grenzen nicht kennen, arbeiten wir uns eventuell an den falschen Stellen ab und sind am Ende frustriert.

In der Psychologie bemüht man sich schon lange, die Faktoren zu finden und zu messen, die bei einer Persönlichkeit unveränderlich bleiben. Dabei hat man fünf Eigenschaften herausgefiltert, die eine stark erbliche Komponente aufweisen und sich offenbar bis ans Lebensende halten, wie internationale Langzeitstudien bestätigen. In Anlehnung an die »Big Five«, die großen Fünf der afrikanischen Tierwelt – Elefant, Nashorn, Büffel, Löwe und Leopard –, bezeichnet man sie als die »Big Five« der Persönlichkeit. Es handelt sich dabei um

1. psychische Ausgeglichenheit,
2. Extraversion,
3. Offenheit für Erfahrung,
4. Verträglichkeit und
5. Gewissenhaftigkeit.

Diese Eigenschaften lassen sich in einem wissenschaftlichen Test erfassen. Je nachdem, welche Werte sich ergeben, neigt man zur einen oder anderen Seite:

- Manche Menschen haben ein ausgeglichenes und gelassenes Naturell, andere sind von Hause aus ängstlich, nervös und angespannt.
- Extrovertierte sind gesellig, aktiv und gesprächig. Ihr Gegenpol, die Introvertierten, erscheinen zurückhaltend, können gut alleine sein und lieben die Unabhängigkeit.
- Personen mit hohen Offenheitswerten erweisen sich als wissbegierig, experimentierfreudig und lieben die Abwechslung. Diejenigen mit niedrigen Offenheitswerten neigen eher zu einer konservativen Einstellung, ziehen Bekanntes und Bewährtes dem Neuen vor.
- Menschen mit hohen Verträglichkeitswerten sind altruistisch, kooperativ und geben leicht nach. Im Gegensatz dazu verhalten sich solche mit niedrigen Verträglichkeitswerten eher wetteifernd und können sich gut für ihre eigenen Interessen einsetzen.

- Mit hohen Gewissenhaftigkeitswerten plant man sorgfältig, handelt zuverlässig und überlegt. Mit niedrigen Gewissenhaftigkeitswerten lässt man gerne fünfe gerade sein, verhält sich eher spontan und lässig.

Es gibt also Eigenschaften, die man nicht grundlegend ändern kann. Wenn man ruhig und ernsthaft ist, dann wird man sich trotz größter Anstrengung niemals unbekümmert oder spontan verhalten. Und wenn man das Dasein auf die leichte Schulter nimmt, verwandelt man sich kaum in ein alle Eventualitäten abwägendes Wesen. Wir sollten uns also nicht mit dem Versuch quälen, unsere eigene Persönlichkeit völlig umzukrempeln. Trotzdem bedeutet das nicht, dass wir in puncto »Big Five« zu einem starren Denken und Verhalten verdammt sind: Innerhalb gewisser Grenzen sind wir recht flexibel. Wenn wir etwa sensibel sind, können wir lernen, gelassener zu werden, und ein hoher Wert für Verträglichkeit heißt nicht, dass wir uns ausnutzen lassen müssen. Eine gewisse Spanne der Veränderung steht uns also trotz gewisser genetischer Prädispositionen immer zur Verfügung. Überhaupt ist die Wissenschaft in diesem Punkt inzwischen weniger strikt als noch vor Jahrzehnten. Viele Fachleute halten den Einfluss der Gene für überbewertet und schreiben dem Willen und der Wahl des Lebensstils eine ebenso große Bedeutung zu.

Keine einzige Eigenschaft der »Big Five« kann jemanden daran hindern, eine charismatische Persönlichkeit zu sein. Jede genetische Anlage hat nämlich ihre Vor- und Nachteile. Es geht darum, das Positive daran zu nutzen und ihre negativen Extreme zu vermeiden. Die Gene teilen vielleicht die Karten aus, aber wir spielen sie.

Routenplaner zum Charisma

Mit dem Thema »Persönlichkeit und Ausstrahlung«, zu dem Charisma gehört, beschäftige ich mich als Autorin, Coach und Seminarleiterin schon seit mehr als zwei Jahrzehnten voller Leidenschaft und Begeisterung. Aspekte davon sind in allen meinen Büchern enthalten, und seit einigen Jahren veranstalte ich das Intensiv-Seminar »Charisma Days«. Im Laufe dieser Zeit habe ich wirkungsvolles Handwerkszeug erworben, das ich mit diesem Buch umfassend weitergebe. Doch zuvor möchte ich kurz erläutern, wie ich es zusammengestellt habe und warum gerade auf diese Weise: Wie kann man sein Licht richtig leuchten lassen, wenn es nur auf Sparflamme brennt?

Zuerst gilt es, die Einschränkungen zu erkennen und abzulegen, die einen daran hindern, man selbst zu sein, denn wir alle sind mehr oder minder durch frühe Einflüsse in unserer Persönlichkeitsentwicklung beeinträchtigt.

Dies so weit wie möglich zu beheben gelingt, indem wir unsere Gedankengänge und Gewohnheiten verändern, denn auf beides haben wir Einfluss. Damit schafft man die Grundlage, auf der man sich anderen Menschen zuwenden kann.

Charisma ist eine besonders intensive Form der Kommunikation. Deshalb ist es empfehlenswert, sich zur Vorbereitung damit zu beschäftigen, was generell für eine authentische und sympathische Kommunikation notwendig ist. Das betrifft die Körpersprache, Stimme, Kleidung und unsere Wortwahl. Schließlich wollen wir ja nicht nur beeindrucken, sondern auch geschätzt und beliebt sein.

Dann folgen die Kernkompetenzen »Autorität«, »Wärme« und »Interesse (Präsenz)«. Auch wenn man nicht alle drei in gleichem Maße entwickeln muss, so sind sie für das Ziel absolut unverzichtbar.

Die Kür bilden Eigenschaften, die eine wichtige Ergänzung darstellen: Wertschätzung, Begeisterungsfähigkeit, Offenheit, Freundlichkeit und Großzügigkeit. Wie die Monde zum Jupiter gehören sie zu den drei Kernkompetenzen und komplettieren sie. Für sich alleine genommen haben sie keine charismatische Wirkung.

Natürlich ist es nicht zwingend notwendig, diese Stationen der Reihe nach abzuarbeiten. Wahrscheinlich haben Sie vieles bereits in Ihrem »Repertoire«, und es reicht, sich die passenden Informationen herauszusuchen. Sie kennen sich selbst am besten und wissen, was für Sie sinnvoll ist. Jedes große Kapitel ist in sich abgeschlossen und übersichtlich in kleine konkrete Unterkapitel unterteilt. Suchen Sie sich einfach aus, was Sie anspricht und was Sie brauchen können. Stellen Sie sich Ihr individuelles Charisma-Programm zusammen.

Zur Abrundung machen wir noch einen Ausflug zur erotischen Wirkung von Charisma – sowohl bei Frauen wie auch bei Männern. Mit Hilfe eines von mir entwickelten Psycho-Tests können Sie Ihre persönliche erotische Ausstrahlung testen – in Kurzform und mit einem Augenzwinkern.

Den Abschluss bildet die Überlegung, wie sich Charisma in Krisenzeiten bewährt. Und zum Ausklang werfen wir einen Blick darauf, wie es sich mit Charisma lebt, denn schließlich sollten Sie darauf gefasst sein, was sich dadurch alles ändern wird.

Ich hoffe, meine Übersicht hat Sie überzeugt und Sie haben Lust bekommen, sich auf das Thema einzulassen. Mit meinen psychologischen Mitteln möchte ich Sie dabei unterstützen, Ihre Persönlichkeit leuchten zu lassen, sich gut zu fühlen und bei anderen gut anzukommen.

Warum wir nicht so leuchten, wie wir könnten

Woran mag es liegen, dass wir, obwohl wir durchaus charismatisch sein könnten, unser Licht so häufig unter den Scheffel stellen?

Unsere bewussten Erfahrungen beginnen etwa ab dem dritten Lebensjahr, wenn wir uns als eigenständiges Wesen begreifen. In dem Alter haben wir die Fähigkeit erworben, die Reaktionen unserer Umwelt einzuordnen. Damit sind wir in der Lage, Anweisungen aufzunehmen: nicht einfach über die Straße zu laufen, den Spielgefährten keinen Sand in die Augen zu werfen, von der heißen Herdplatte fernzubleiben. Später lernen wir, dass man keine hässlichen Wörter benutzt, dass man seine Bonbons mit anderen teilt und sein Spielzeug wegräumt. Was in dieser Entwicklungsphase stattfindet, bezeichnet man als Sozialisation, eine Anpassung an familiäre und gesellschaftliche Normen. Dabei spielt das Gehirn eine große Rolle. Immer wenn wir als Kinder belohnt oder bestraft werden, unser Verhalten also mit starken Gefühlen verbunden ist, kommt es zur Ausschüttung von Botenstoffen, die neuronale Verknüpfungen und synaptische Verschaltungen aktivieren. Je öfter wir diese Erfahrungen machen, desto intensiver prägen sie sich ein. Auf diese Weise lernen wir nachhaltig, was akzeptabel ist und was nicht. Würde das gewünschte Verhalten allerdings nur davon abhängen, ob unsere Eltern uns überwachen oder nicht, hätte das in manchen Fällen fatale Folgen, etwa beim Spielen mit Streichhölzern oder im zu vertraulichen Umgang mit Fremden. Damit wir als Kinder physisch und sozial überleben, hat die Natur deshalb eine geniale Handlungsmöglichkeit entwickelt: Indem wir die Werte und Normen unserer Umwelt verinnerlichen, sind wir in der Lage, sie jederzeit eigenständig abzurufen. Wir benötigen dann keine Anweisung von außen mehr, sondern erzählen uns in einem inneren Dialog selbst, was akzeptabel ist und was nicht.

Tausch: Soziales Verhalten gegen Liebe

Die Sozialisation gelingt vor allem deshalb, weil dazu eines der stärksten menschlichen Bedürfnisse genutzt wird: der Wunsch nach Zugehörigkeit. Die unausgesprochene Botschaft unserer Bezugspersonen lautet: »Wir lieben und akzeptieren dich, wenn du so bist, wie wir dich haben möchten.« Will man als Kind die Zuneigung und Anerkennung seiner Umgebung gewinnen, muss man sich deren Vorstellungen, Überzeugungen und Verhaltensweisen anpassen. Das bedeutet zwangsläufig, eigene Impulse, Bedürfnisse und Gefühle zu unterdrücken oder abzuspalten. Zum Teil ist das durchaus sinnvoll; schließlich ist nicht jede Seite unserer Persönlichkeit ein Geschenk für die Menschheit. Zum Beispiel müssen wir lernen, zerstörerische Gefühle wie Wut, Gier oder Egoismus zu beherrschen.

Ich erinnere mich bis heute an eine peinliche Szene, die sich an meinem ersten Schultag zugetragen hat. Damals gab es in den Klassenzimmern noch Pulte mit Bänken, auf denen zwei Kinder sitzen konnten. Ich wollte unbedingt meine Freundin als Sitznachbarin haben. Die Lehrerin ahnte wohl, dass das in puncto Aufmerksamkeit keine so gute Idee war, also setzte sie eine andere Schülerin neben mich. Das passte mir aber gar nicht. Empört nahm ich Anlauf und schubste das Mädchen mit Schwung seitlich aus der Bank. Heulend saß es auf dem Fußboden, und ich wurde vor der ganzen Klasse ausgeschimpft. Diese Lektion in Rücksichtnahme habe ich jedenfalls nicht so schnell vergessen.

Unsere Umgebung bewirkt aber nicht nur, dass wir zu einer »sozial handlungsfähigen Persönlichkeit« werden, wie es der Soziologe Klaus Hurrelmann ausdrückt. Die Prägung in der Kindheit ist noch wesentlich umfassender.

Das Selbstbild wird geformt

Schon in den ersten Lebensjahren entscheidet sich, ob wir durch liebevolle Bindungen Urvertrauen entwickeln oder die Welt als unsicheren Ort empfinden, ob wir uns als fähig und liebenswert einschätzen oder uns unfähig und minderwertig fühlen. In unserem Gehirn entsteht ein Muster, das unsere Sicht auf uns selbst und das Leben auf bestimmte Weise beeinflusst. Je weniger Liebe und Unterstützung wir in dieser Zeit bekommen, desto dunkler ist die Brille, die wir von da an tragen. Misstrauen, negative Erwartungen und mangelndes Selbstvertrauen haben hier ihre Wurzeln.

Um den Menschen in unserer Nähe zu gefallen, unterdrücken oder verdrängen wir wichtige Teile unserer Persönlichkeit. Wie Alexa, deren Vater lieber einen Jungen gehabt hätte. Seine kleine Tochter begriff schnell, dass er keine rosa Schleifen und Zärtlichkeit mochte. Mit fünf Jahren fuhr sie Roller wie der Teufel und hatte ständig aufgeschlagene Knie. Sie weinte nicht, wenn sie hinfiel, und war stolz, wenn ihr Papa sie lobte: »Gut so, ein Indianer kennt keinen Schmerz.«

Oder Philipp, über den seine Mutter gerne sagte: »Er ist mein Sonnenschein.« Sie war in ihrer Ehe unglücklich und meist deprimiert. Der kleine Philipp fand bald heraus, wie er sie aufheitern konnte. Sie mochte es, wenn er sie umarmte, ihr ein Küsschen gab und sagte, wie lieb er sie hat. Böse sein war nicht erlaubt.

Auf die Dauer nimmt man das Verhalten an, das die Umgebung besonders schätzt und für das man am häufigsten belohnt wird. Auch dann, wenn es dem eigenen Naturell widerspricht.

In jedem Kinderleben gibt es seelische Verletzungen, auch dann, wenn sich die Eltern liebevoll verhalten haben. Die Kränkungen erscheinen zwar im Vergleich mit Verletzungen durch Missbrauch oder andere physische Gewaltformen weniger spektakulär, sind aber dennoch schmerzhaft – etwa wenn man wegen eines optischen Handicaps gehänselt wird, ein Geschwister den Vorrang hat oder durch eine Krankheit alle Aufmerksamkeit auf sich zieht oder wenn Versprechen immer wieder gebrochen werden. Es gibt vielfältige Gründe für kindliche Verletzungen. Unbewusst entwickelt das Kind dann eine Strategie, die hilft, weniger unter Schmerz, Scham oder Frustration zu leiden. Bewährte Mittel hierfür sind: das Gefühl verdrängen oder überspielen; die Enttäuschung weglächeln; sich ablenken; kritische Situationen meiden; Hilflosigkeit zeigen; den Clown spielen; früh selbständig werden; Rache schwören; in Phantasien flüchten; sich innerlich oder äußerlich zurückziehen; gar nicht mehr wollen, was man ohnehin nicht bekommt; anderen geben, was man selbst dringend braucht; ein einseitiges Verhalten entwickeln, zum Beispiel immer lieb, lustig, altklug oder mutig sein.

Die Strategie verdrängt zwar den Schmerz und hilft, seelisch zu überleben, aber die Wunde wird damit nur überdeckt, nicht geheilt.

Die Vergangenheit bleibt aktuell

Inzwischen sind wir erwachsen und stehen auf eigenen Füßen. Vieles von dem, was die Umgebung früher vermittelt hat, betrachten wir heute kritisch oder haben es abgelegt. Wir haben erfolgreich an uns gearbeitet und Erfahrungen gemacht, die uns positiv verändert haben: Das hässliche Entlein von damals mit den dicken Brillengläsern und der unmodischen Kleidung ist inzwischen ein Schwan mit Kontaktlinsen und elegantem Outfit. Der schüchterne Junge, der immer alleine war, feiert heute berufliche Erfolge und wird umschwärmt. Keine Frage, mit der Entwicklung kann man im Prinzip zufrieden sein. In den meisten Fällen agiert man recht sicher und füllt die verschiedenen Rollen gut aus. Doch für eine charismatische Wirkung reicht das noch nicht. Wir strahlen erst dann richtig, wenn wir über das volle Potenzial verfügen können und ganz »wir selbst« sind. Das bedeutet, dass wir uns nicht länger nach inneren Regeln richten, die längst überholt sind. Von denen gibt es garantiert noch einige. Täuschen wir uns nicht: In uns allen lebt mehr oder minder stark das Kind, das wir einmal waren. Vor allem diese Relikte von früher verhindern die Entfaltung des Charismas.

Alte Anweisungen gelten weiterhin

Obwohl es uns heute keiner mehr sagt, denken und handeln wir in der Gegenwart weiterhin gemäß den Erwartungen, die man uns in jungen Jahren vermittelt hat. Wir haben sie so stark verinnerlicht, dass wir sie nicht einmal hinterfragen.

Melanie, 52, Apothekerin, ist mit folgender Anweisung groß geworden: »Nimm dich nicht so wichtig.« Wenn sie sich als Kind über eine Eins im Diktat gefreut hatte oder als Jugendliche auf ihre Leistung im Tennis stolz gewesen war, bremste ihr Vater sie sofort mit diesem Satz. Er wirkt bis heute nach. Noch immer fällt es Melanie schwer, auf eigene Erfolge hinzuweisen. Lob wiegelt sie ab: »Das ist doch nichts Besonderes.« Sie kann auch Leute nicht ausstehen, die nach dem Motto »Eigenlob stimmt« auftreten.

Oder Bert, 43, Sozialarbeiter. Sein jüngerer Bruder litt unter einer Hyperaktivitätsstörung. Die Eltern mussten sich intensiv um das verhaltensauffällige Kind kümmern. Die überforderte Mutter beschwor Bert: »Mach du uns wenigstens keine Probleme!« Bis heute fällt es Bert schwer, eigene Wünsche zu äußern oder Forderungen zu stellen, sei es bei der Urlaubsplanung oder der Bewerbung um die Teamleitung.

Wunde Punkte schmerzen noch immer

Sobald eine alte Wunde berührt wird, ist auch der damit verbundene Schmerz wieder präsent. Ob es sich tatsächlich um eine Wiederholung eines Erlebnisses aus der Kindheit oder Jugend handelt, lässt sich an der heftigen Reaktion ablesen. Auslöser ist gewöhnlich ein Schlüsselreiz, der die Erinnerungen an ein früheres Trauma aktiviert. Das können eine verächtliche Geste, ein kritischer Gesichtsausdruck, ein barscher Ton, ein abwertender Satz sein. Oder ein bestimmtes Verhalten, das man extrem als Ablehnung, Bevormundung oder Übergriff interpretiert. Dann nimmt man die aktuelle Situation nicht mehr objektiv wahr, sondern so, als befände man sich wieder in der ursprünglichen Geschichte. Typisch dafür ist, dass man in dem Moment keine Kontrolle über seine Gedanken, Gefühle und Handlungen hat. Man ist aufgewühlt, wütend, gekränkt, verletzt, tieftraurig oder fühlt sich isoliert, unfähig, abgelehnt – und fällt prompt in sein altes Verhaltensmuster zurück. Auch die Strategie, mit der man damals versucht hat, ähnlichen Schmerz und Frustration zu bewältigen, hält sich oft hartnäckig bis ins Erwachsenenalter.

Vor einiger Zeit besuchte ich die Vernissage eines Malers. Von einer Freundin wusste ich, dass er sich finanziell nur mühsam über Wasser hält. Beim Anblick seiner phantasievollen Werke war mir das völlig unverständlich. Ich wollte meine Begeisterung zum Ausdruck bringen und sagte spontan: »Ich finde Ihre Bilder großartig. Sie verdienen es wirklich, bekannt zu sein.« Mit seiner Reaktion hatte ich allerdings nicht gerechnet, denn er fauchte mich wütend an: »Ich will gar nicht bekannt sein. Mir liegt nichts daran, meine Bilder an Spießer und Banausen zu verkaufen.« Damit drehte er sich brüsk um und ließ mich einfach stehen. Ich dachte: »Oh weh, da habe ich aber einen wunden Punkt getroffen.« Im Nachhinein fand ich meine Bemerkung zwar auch selbst etwas taktlos, aber die Heftigkeit der Reaktion verriet mir vor allem, dass es sich wohl um ein kindliches Muster handelte. Ein anderer Künstler hätte vielleicht souverän geantwortet: »Danke für das Kompliment. Ich finde auch, dass mir endlich Ruhm zusteht.« Offenbar handelte es sich in diesem Fall um die verinnerlichte Strategie: »Ich bekomme ja ohnehin nicht, was ich ersehne. Also will ich es auch gar nicht.« Es ist möglich, dass der Maler seinen Erfolg selbst sabotiert, indem er durch seine negative Ausstrahlung potenzielle Käufer vergrault.

Das negative Selbstbild bleibt erhalten

Ein in jungen Jahren gewonnenes negatives Selbstbild gibt das geheime Drehbuch vor, nach dem man als Erwachsener seine Wirkung auf andere gestaltet. Wenn man sich für uninteressant hält, geht man davon aus, dass man zum Beispiel auf einer Party den ganzen Abend alleine bleiben wird. Falls das Selbstbild dem eines erfolglosen Menschen entspricht, tritt man bei einem Bewerbungsgespräch in dem Bewusstsein auf, dass man ohnehin nicht eingestellt wird. Und jetzt kommt scheinbar Magie ins Spiel, denn mit ziemlicher Sicherheit wird genau das eintreffen. Dieses Phänomen läuft unter dem bekannten Begriff »selbsterfüllende Prophezeiung«. Dass meist tatsächlich passiert, was man erwartet, ist gar nicht so geheimnisvoll, wie es scheint. Was wir über uns selbst denken, beeinflusst tatsächlich unsere Körperhaltung,

Gestik und Mimik, Tonlage, Wortwahl und Handlungen. Die Mitmenschen nehmen unsere Einstellung unbewusst auf und reagieren entsprechend. Auf diese Weise kriegt man andere meist dazu, einen so zu sehen und zu behandeln, wie man es selbst tut.

In einer Boutique wurde ich zufällig Zeugin einer Szene, die diese These genau bestätigte. Eine Kundin, die ich auf etwa 50 Jahre schätzte, hatte offenbar Probleme mit dem Älterwerden. Eine ärmellose Bluse wies sie seufzend mit Verweis auf ihre schlaffen Oberarme zurück. Als sich der Reißverschluss bei einem Rock nicht schließen ließ, entschuldigte sie das damit, dass der Stoffwechsel sich ja mit den Jahren drastisch verlangsame und sie deshalb so zugenommen habe. Und nein, diese bunten Farben könne sie nun wirklich nicht mehr tragen. Am Anfang hielt die Verkäuferin noch engagiert dagegen, dann gab sie auf und zeigte der Dame nur noch lustlos einige konservative Kleidungsstücke. Nachdem die Kundin das Geschäft verlassen hatte, hörte ich, wie die Verkäuferin zu ihrer Kollegin sagte: »Die Alte war ja echt mies drauf.« Respektlos, aber verständlich. Sie hatte das Bild vom Alter aufgenommen, das ihr die Kundin vermittelt hatte.

Durch die selbsterfüllende Prophezeiung geben wir unserem negativen Selbstbild ständig neue Nahrung. Unser negatives Selbstbild ist wie ein Perpetuum mobile, eine faszinierende kleine Maschine, die, einmal angestoßen, sich eigenständig in Bewegung hält – wenn sie nicht gestoppt wird. Die Einstellung zu sich selbst und die damit verbundenen Bewertungen werden regelmäßig bestätigt.

Negative Muster auflösen

Die Einflüsse der frühen Jahre mischen sich immer wieder in das erwachsene Denken, Fühlen, Verhalten und Handeln und hindern uns daran, so zu leuchten, wie es ohne diese Beeinträchtigungen möglich wäre. Aber vieles von dem, was aufgrund unserer Sozialisation bis heute die Entfaltung unseres Charismas beeinträchtigt, lässt sich auflösen. Man hält es nur deshalb für unveränderlich, weil man es zu einer Zeit verinnerlicht hat, in der man extrem beeinflussbar war. Als Kind kann man den übermächtigen Erwachsenen weder Wissen noch Lebenserfahrung entgegensetzen. Tatsächlich lernt man von ihnen, auf eine bestimmte Art zu denken und zu handeln. Aber was man gelernt hat, kann man auch wieder verlernen. Man hat darauf mehr Einfluss, als man denkt.

Doch muss man wissen, dass die früheren Einwirkungen sich nicht mit einem Fingerschnippen beheben lassen. Manche sind so gravierend, dass sie besser in einer Psychotherapie aufgearbeitet werden – wenn man etwa körperlicher oder seelischer Gewalt ausgesetzt gewesen war. Selbst wenn die Umstände weniger erdrückend waren, erfordert es einige Anstrengung, um eine Veränderung zu bewirken. Aber die Chancen stehen gut, dass man sich mit Ausdauer, Willenskraft und psychologischem Know-how tatsächlich von dem befreien kann, was die Persönlichkeit beeinträchtigt und damit auch die Entfaltung des Charismas verhindert. Die Lösung liegt nämlich in uns selbst: in unseren Gedanken und unseren Gewohnheiten.

Die Gedanken ändern

Der Stoff, aus dem das Selbstbild geformt wird und mit dem man es aufrechterhält, sind die Gedanken. Über die Jahre haben sie sich zu Überzeugungen und Glaubenssätzen verfestigt, die auch die eigene Wirkung auf andere mitbestimmen. Um die negativen Anteile dieses Selbstbildes in positive zu verwandeln, muss man also zunächst bei den eigenen Gedanken ansetzen.

Inzwischen weiß man, dass die Gedanken keineswegs frei, sondern an Erfahrung und Gehirnstruktur gebunden sind. Vor allem sind sie konkreter, als man glaubt. Wissenschaftler arbeiten bereits erfolgreich daran, über Hirn-Computer-Schnittstellen mit Gedanken Geräte zu steuern. Auf diese Weise gelingt es einer gelähmten Patientin per Gedankenkraft, einen Roboterarm zu bewegen. Vor dieser technischen Entwicklung hat es natürlich schon zahlreiche psychologische Erkenntnisse zur Macht der Gedanken gegeben. In der zweiten Hälfte des neunzehnten Jahrhunderts zum Beispiel entwickelte sich international eine Methode, die unter der Bezeichnung »Positives Denken« zusammengefasst wird. Bekannte Vertreter in den USA waren Joseph Murphy, Dale Carnegie und Norman Vincent Peale. Buchtitel wie *Die unendliche Quelle Ihrer Kraft* boomen bis heute. Darin wird mit ermutigenden Formeln, so genannten Affirmationen, und visuellen Vorstellungen gearbeitet, um die eigenen Ziele zu erreichen. Die Gründerväter des Positiven Denkens haben dankenswerterweise auf den enormen Einfluss der Gedanken aufmerksam gemacht. Allerdings haben ihre Ausführungen auch eine Schattenseite. Als zwanghafter Optimismus verstanden kann Positives Denken zu einem Gefühl des Versagens bis hin zu Depressionen führen.

Bei einem Selbstversuch vor Jahren musste ich feststellen: So einfach funktioniert die Selbstmanipulation nicht. Wenn ich traurig oder wütend war, kam ich gegen diese Gefühle nicht an, indem ich mir suggerierte, alles wäre bestens. Auch wurde ich weder schöner noch erfolgreicher, indem ich mir den Wunsch täglich mit der entsprechenden Formel vorsagte. Und meine Vorstellungskraft verschaffte mir leider auch kein Haus am See. Mein Fazit: Es bringt nichts, mentalen Zuckerguss über unangenehme Tatsachen zu gießen oder per Vision oder mit Satzwiederholungen bestimmte Ergebnisse erzwingen zu wollen. Das bedeutet jedoch nicht, dass die Instrumente des Positiven Denkens generell untauglich sind; sie müssen nur klug angewandt werden. Nicht als magischer Zauber, mit dem wir uns selbstherrlich vom Minus ins Plus katapultieren, sondern als kreatives, psychologisches Handwerkszeug. Mit ihm kann man versuchen, eingefahrene Denkweisen zu verändern und damit auch die eigene Wirkung auf die Umgebung.

Sich auf das Gute konzentrieren

Sich immer wieder bewusst auf die positiven Dinge zu konzentrieren kann das Lebensgefühl und damit auch das Charisma grundlegend verbessern. Das funktioniert, weil wir in einer Welt der Polarität leben. Kein Licht ohne Dunkel, keine Liebe ohne Hass, kein Aufstieg ohne Abstieg. Es ist immer beides da, Plus und Minus. Man hat die Wahl, worauf man seine Aufmerksamkeit richtet. Das bedeutet aber keineswegs, dass man die negative Seite ausblenden sollte. Man akzeptiert sie und tut alles, um sie zu überwinden. Aber man gibt ihr nicht die Macht, die eigenen Gedanken und Gefühle zu bestimmen.

Als unser Sohn Felix noch ein Kind war, spielte ich öfter mit ihm das Spiel »Was ist gut daran?«. Wenn ein Film im

Kino ausverkauft war, den wir zusammen sehen wollten, überlegten wir, ob sich daran auch etwas Positives finden ließ. Wir redeten uns die Situation nicht einfach schön, sondern suchten gezielt nach einer positiven Seite: »Macht nichts, dass wir nicht ins Kino gehen. So verpassen wir nicht unsere Lieblingsserie im Fernsehen!« Das Spiel wende ich im Stillen noch heute regelmäßig an. Zum Beispiel als mir mein Portemonnaie gestohlen wurde. Das Positive an dem Diebstahl war: Ich musste meine Kreditkarte nicht sperren lassen, weil sie sich glücklicherweise nicht darin befand.

Der Blick auf die positive Seite verändert das Bild von sich selbst. Man sieht sich nicht mehr nur als Opfer, sondern vielleicht sogar als Glückspilz: Es hätte schließlich schlimmer kommen können. Aber was ist, wenn es doch ganz schlimm ist? Selbst dann ist es möglich, das Gute im Schlechten zu entdecken – und sei es nur, den individuellen Sinn in dem zu finden, was uns widerfährt, und persönlich daran zu reifen. Doch Schicksalsschläge, die uns dazu zwingen, kommen im Leben nicht so häufig vor wie die vielen alltäglichen Widrigkeiten, um die es hier vor allem geht. Für Letztere hat der Blick auf die gute Seite durchaus seine Berechtigung. Und das Schöne ist: Der Wechsel der Perspektive macht uns für andere anziehender. Schließlich ist jeder lieber mit einem heiteren Menschen zusammen als mit einem Miesepeter.

Im Selbstdialog das Selbstbild korrigieren

Um unser Selbstbild zum Positiven zu verändern, ist es notwendig, unsere innere Kommunikation zu beobachten. Tatsächlich unterhalten wir uns den ganzen Tag lang mit uns selbst, solange wir uns nicht bewusst auf eine Sache konzentrieren. Aber kein Grund zur Sorge: Auf diese Weise organisieren wir uns. Interessant wird es, wenn während unserer inneren Kommunikation auch Inhalte auftauchen, die für unser Selbstbild und damit für unsere Ausstrahlung relevant sind. Um sie besser erfassen zu können, bezeichne ich sie als negative und als positive innere Stimme. Die eine vertritt die ungünstigere Selbstwahrnehmung, die andere bestärkt die positive Selbsteinschätzung. Allerdings ist es gar nicht so leicht, ebendiese zwischen den verschiedenen Sätzen zu identifizieren. Das aber ist nötig, gerade wenn man die negative innere Stimme entmachten will. Sie sorgt nämlich dafür, dass man nicht so leuchtet, wie man könnte.

Einen deutlichen Hinweis darauf, ob die negative Stimme aktiv ist, geben die Gefühle. Wann immer man sich unsicher, klein, minderwertig, ungeschickt fühlt, ist sie am Werk. Dann lohnt es sich zu überlegen: Was habe ich eigentlich gerade gedacht? Garantiert stoßen wir dabei auf eine Annahme über eine vermeintliche Schwachstelle, etwa in Bezug auf unser Äußeres, unsere Intelligenz, unsere Bildung, unsere Kenntnisse, unsere handwerklichen Fähigkeiten, unsere sozialen Kontakte, unsere finanziellen Verhältnisse, unsere Herkunft, unser Alter. Das ungute Gefühl leitet uns direkt zu dem dazugehörigen Gedanken: Ich bin falsch angezogen, wie peinlich! – Die halten mich jetzt für egoistisch. – Hoffentlich merkt keiner, wie wenig ich weiß ...– So ein gut aussehender Mann interessiert sich doch sowieso nicht für mich. – Warum sollten die gerade mich nehmen? – Ich bin aber auch zu ungeschickt.

Katja, 26, Medizinstudentin, war zum Geburtstag einer Kommilitonin eingeladen, auf dem sie nur die Gastgeberin kannte. Verlegen stand sie mit ihrem Weinglas herum und fühlte sich unwohl. Sie dachte: Keiner kümmert sich hier um mich, *bestimmt finden die mich uninteressant.* Da war sie, die negative innere Stimme und somit die Grundlage für eine Veränderung, denn es geht darum, der jeweiligen negativen Aussage die positive innere Stimme entgegenzusetzen.

Mit einem simplen Widerspruch: »Ich fühle mich unattraktiv – Stimmt nicht, ich bin attraktiv!«, ist es leider nicht getan. Man muss sich schon die Mühe machen, ein stichhaltiges Argument zu finden, warum die positive Sichtweise die richtige ist. Das Unterbewusstsein reagiert nämlich erst dann darauf, wenn es wirklich überzeugt ist.

Katjas Ausgangspunkt war: Keiner kümmert sich um mich, bestimmt finden die mich uninteressant. Mit einer positiven inneren Stimme hielt sie dagegen: Das kann ja auch ganz andere Gründe haben. Vielleicht sind die Leute nur zurückhaltend, weil sie mich nicht kennen. Am besten mache ich mich mal bekannt. Sie gab sich einen Ruck und sprach eine junge Frau an, die offenbar auch alleine auf der Party war. Es stellte sich heraus, dass sie ebenfalls Medizin studierte. Die beiden kamen schnell ins Gespräch und tauschten zum Schluss sogar ihre Telefonnummern aus.

Wenn man diese Methode schon ein paar Mal ausprobiert hat, ist es sinnvoll, sich die wichtigsten Argumente einzuprägen. Sobald dann wieder einer der negativen Lieblingssätze auftaucht, hat man sofort das Gegenargument parat.

Manchmal beruht unsere negative innere Stimme auf allgemein akzeptierten Regeln oder einer gesellschaftlichen Meinung wie »Frauen über 40 werden übersehen« oder »Wenn du keinen tollen Wagen fährst, schaut sich doch keine nach dir um«. In dem Fall gilt es, nach Belegen zu suchen, die gegen die übliche Erfahrung sprechen: Ist das garantiert immer so?

Ist das in jedem Fall so? Ausnahmen bestätigen nämlich nicht die Regel, sie setzen sie außer Kraft. Solange auch nur eine einzige Abweichung von einer negativen Annahme existiert, liegt das Gewünschte zumindest im Bereich des Möglichen. So antwortete der Regisseur Dietrich Brüggemann im Interview auf die Frage, was man denn für einen optimalen Start im Filmgeschäft bräuchte: »Talent, gute Nerven und ein ansprechendes Äußeres. Ich kann Ihnen aber auch für alles, was ich hier sage, Beispiele nennen von jemandem, der das alles nicht hat, aber trotzdem erfolgreich ist.« Demnach geht es also darum, die hinderlichen Erwartungen loszulassen und stattdessen mit Schwung alles Erforderliche zu tun, um das gewünschte Ziel zu erreichen.

Eine Bekannte hatte einen Kriminalroman geschrieben und in einem kleinen Verlag veröffentlicht. Ich bin keine Freundin dieses Genres, aber ihr Buch fand ich spannend und gut geschrieben. Als ich ihr kurz nach der Veröffentlichung sagte, dass sie damit bestimmt Erfolg haben würde, wiegelte sie ab: »Wenn du keinen großen Verlag hast, der für dich die PR macht und richtig Geld in die Werbung steckt, dann verkauft sich dein Buch sowieso höchstens mäßig. Oder du musst bekannt sein, wie Ingrid Noll und Nele Neuhaus, dann läuft es von selbst.« Da war sie wieder, die negative innere Stimme. Ich setzte eine positive dagegen, indem ich auf Ausnahmen verwies: »Das muss nicht sein. Denk doch mal an Andrea Maria Schenkel, deren Krimi-Erstling *Tannöd* ohne besondere werbliche Unterstützung zum Bestseller wurde.«

»Die hat halt Glück gehabt«, seufzte meine Bekannte.

Ich will gar nicht bestreiten, dass Ausnahmen eben nicht täglich vorkommen und sicher auch eine Portion Glück dazugehört. Aber über die Ausnahme Hoffnung zu schöpfen, aktiviert allemal die eigenen Kräfte und erhöht damit die positive Wirkung auf andere.

Die positive innere Stimme lässt sich oft auch in einen einzigen Satz fassen; das bezeichnet man als »Affirmation«. Das Wort kommt von dem lateinischen Begriff »affirmare«: befestigen, bestärken. Affirmationen dienen dazu, in Kurzform den positiven Kurs zu unterstützen. Leider werden sie meist falsch angewandt, nämlich als eine Art »Zauberspruch«, mit dem man die Realität mit übersinnlichen Mitteln zu beeinflussen versucht. Es hat keinen Sinn, sich Dinge oder Zustände einzureden, ohne selbst auch aktiv zu werden. Vielmehr geht es darum, sich zu ermutigen, in die gewünschte Richtung zu denken und danach zu handeln.

Vor einiger Zeit coachte ich einen zweiunddreißigjährigen Mann, der gerne von mir wissen wollte, warum er immer an scheinbar gefühlskalte, berechnende Frauen gerate. Wir fanden die Ursachen gemeinsam heraus und besprachen, was er selbst tun könnte, um zukünftig eine passendere Partnerin zu finden. Zum Schluss entwickelten wir die Affirmation »Ich habe eine liebevolle und warmherzige Frau verdient«. Das unterstützte ihn dabei, die richtige Wahl zu treffen.

Affirmationen sind verbale Leuchttürme. Sie helfen uns, unser Ziel nicht aus dem Auge zu verlieren. Am besten werden sie individuell formuliert, aber manchmal findet man auch einen Spruch, ein Zitat oder einen Aphorismus, der genau das ausdrückt, was man erreichen möchte. In welcher Form auch immer: Es ist sinnvoll, die Affirmation auf mehrere Zettel zu schreiben und überall dort auszulegen, wo man sich häufig aufhält. So wird man ständig daran erinnert, was man erreichen will.

Gedanken filtern

Nicht immer haben wir Zeit und Lust, uns intensiv mit dem inneren Dialog zu beschäftigen, bei negativen Gedanken ausreichende Gegenargumente zu suchen oder Affirmationen zu entwickeln. Manchmal sind wir auch unsicher, ob die negative innere Stimme nicht vielleicht doch die Wahrheit sagt, und plagen uns deshalb mit Grübeleien. Für diese Fälle habe ich ein Schnellverfahren entwickelt, den »Wlodarekschen Filter«. Er besteht aus einer einzigen Frage: »Ist dieser Gedanke nützlich?« Konkret heißt das: Macht er glücklich, stark, mutig, entschlossen? Hilft er, Ziele zu erreichen und Träume zu verwirklichen? Löst er ein gutes Gefühl aus? Lautet die Antwort darauf »Nein«, dann sollten wir innerlich »Stopp« sagen und ihn umgehend durch einen nützlichen Gedanken ersetzen.

Es klingt vielleicht anstrengend, den eigenen Geist ständig kontrollieren zu müssen, aber es gibt hierfür keine Alternative. Nur mit mentaler Selbstdisziplin kann man seinen eingefahrenen Denkmustern eine neue Richtung geben und auf Dauer negative Einflüsse auf das Selbstbild ändern. Mühselig und spaßbefreit muss das trotzdem nicht sein. Man kann es auch sportlich nehmen. Eine Teilnehmerin meines Seminars »Charisma Days«, die diese Methode anwendete, sagte mit leuchtenden Augen: »Bisher habe ich unter meiner negativen inneren Stimme gelitten. Jetzt freue ich mich sogar darauf, sie zu erwischen und mundtot zu machen.«

Gewohnheiten verändern

Außer den Gedanken müssen wir auch unser Verhalten unter die Lupe nehmen, wenn wir uns positiv verändern möchten. Dazu könnten wir täglich unser Verhalten beobachten und dann beurteilen, ob es charismatischer macht: War ich freundlich genug? Bin ich selbstsicher aufgetreten? Habe ich anderen genug Aufmerksamkeit gezeigt? Aber das wäre relativ aufwendig. Man kann es sich einfacher machen: Statt mit einzelnen Verhaltensweisen, die unterschiedlich ausfallen können, sollte man sich mit den eigenen Gewohnheiten befassen. In ihnen vereinen sich nämlich die Verhaltensweisen, die man ständig zeigt – deshalb machen Gewohnheiten auch einen so großen Anteil der Persönlichkeit aus. Sie entstehen, indem man immer wieder das gleiche Verhalten anwendet, bis es schließlich automatisch abläuft. Viele Handlungen sind uns bereits so in Fleisch und Blut übergegangen, dass wir kaum darüber nachdenken müssen: Wir entscheiden zum Beispiel nicht mehr jeden Morgen neu, ob wir uns die Zähne putzen.

Aber Gewohnheiten gehen noch über die täglichen Rituale hinaus, denn sie beziehen sich auch darauf, wie wir mit uns selbst und anderen umgehen. Da haben sich vielleicht Eigenarten eingeschlichen, die der Entfaltung einer leuchtenden Persönlichkeit und Wirkung nicht besonders förderlich sind, etwa, wenn sich jemand angewöhnt hat, sofort loszuschimpfen, wenn ihm etwas nicht passt, oder ständig nervös an den Nägeln zu kauen oder anderen ins Wort zu fallen. Vieles, von dem wir meinen, es gehöre zur eigenen Persönlichkeit, ist nichts anderes als Gewohnheit. Statt also tiefenpsychologisch den Ursachen nachzuforschen, kann man sein Verhalten ganz praktisch als eine negative Gewohnheit ansehen, die sich ablegen lässt.

Es kann aber auch sein, dass man dringend eine gute Gewohnheit annehmen sollte. Statt also darüber nachzugrübeln, warum man weniger großzügig oder offen ist als andere, sollte man es einfach als eine Gewohnheit betrachten, die man noch nicht entwickelt hat. Es lohnt sich, einmal zu überlegen, welche Gewohnheiten wir ablegen oder uns aneignen möchten. Bestimmt hat uns schon einmal jemand gesagt, was ihm an uns nicht gefällt oder was er sich zukünftig von uns wünscht. Vielleicht haben wir auch bei anderen beobachten können, was abschreckend wirkt oder gut ankommt. Daraus lässt sich eine individuelle Liste schlechter und guter Gewohnheiten zusammenstellen. Wenn wir hier ansetzen und etwas verändern, können wir eine leuchtendere Version unserer Persönlichkeit kreieren und unser Charisma deutlich verstärken.

Was uns an guten Gewohnheiten hindert

Trotz aller guten Vorsätze fallen wir oft wieder in alte Verhaltensweisen zurück oder unsere Anstrengungen verlaufen im Sande. Woran liegt das bloß? Oft liegt es an unserer eigenen Bequemlichkeit, an dem berühmten»inneren Schweinehund«. Ich benutze allerdings lieber den Ausdruck »innere Wellness-Beraterin«. Die Bezeichnung klingt nicht nur ansprechender, sie benennt auch ihre eigentliche Funktion. Im Prinzip hat die innere Wellness-Beraterin nämlich nur gute Absichten – auch wenn der Effekt nicht immer der beste ist –, denn es handelt sich dabei um den Bereich der Persönlichkeit, der versucht, uns vor Überlastung zu schützen. Schließlich kostet alles, was von der Routine abweicht, zunächst geistige, seelische oder körperliche Energie. Auch für mehr Charisma aktiv zu werden bedeutet, Anstrengung auf sich zu nehmen. Genau das möchte die innere Wellness-Beraterin verhindern, indem sie uns gute Argumente an die Hand gibt wie: Das liegt mir einfach nicht. – Dazu fehlt mir das Talent. – Ich habe jetzt so viel zu tun, später vielleicht. Außerdem verstärkt sie die Ausreden geschickt durch die dazugehörenden Gefühle. Im Hinblick auf die jeweilige Aktivität fühlen wir uns überfordert, gehemmt oder unglücklich. Wenn wir aber der inneren Wellness-Beraterin das Feld überlassen, rühren wir uns nicht vom Fleck.

Ein fester Wille ist zwar durchaus notwendig, um Gewohnheiten zu ändern, doch er allein reicht nur in den seltensten Fällen. Die meisten Menschen schnappen nach kurzer Zeit trotz bester Absichten wie ein Gummiband in ihre alten Verhaltensweisen zurück oder geben neue auf, bevor sie sich etablieren konnten. Das hat seine guten Gründe.

Mit der Macht der Gewohnheit rechnen

Mit dem Thema Gewohnheiten hat sich die Wissenschaft schon länger befasst. Die Hirnforschung hat die zuständigen Areale ausgemacht: Unsere Gewohnheiten werden in den so genannten Basalganglien als kompakte Information abgespeichert und sind dann in den entsprechenden Situationen automatisch abrufbar. Das ist einerseits sehr praktisch, weil man nicht ständig das Rad neu erfinden muss; andererseits entziehen sie sich dadurch aber auch weitgehend dem eigenen Willen, da sie an auslösende Reize gekoppelt sind. Wie bei dem berühmten Pawlowschen Hund, der über längere Zeit Futter bekam, wenn eine Glocke ertönte. Nach einer Weile begann er schon zu sabbern, sobald er nur die Glocke hörte. Auf konditionierte Reize anders als gewohnt zu reagieren erfordert enorm viel Energie. Die Hirnforschung hat außerdem herausgefunden, was Gewohnheiten so resistent gegen Änderungsversuche macht: Wenn wir unseren gespeicherten Gewohnheiten folgen, schüttet das limbische System im Gehirn Belohnungsstoffe aus. Diese Glückshormone erzeugen ein Wohlgefühl, das wiederum die gewohnte Handlung verstärkt. Unser Gehirn belohnt uns im Grunde dafür, dass wir ihm keinen Stress bereiten, sondern brav das Gewohnte tun, auch wenn es uns – und in diesem Falle unserem Charisma – nicht bekommt. Kein Wunder, dass man diesem Effekt gerne erliegt.

Die folgenden Hinweise, die auch für charismatische Veränderungen einsetzbar sind, unterteile ich in zwei Bereiche: in den, der negative Gewohnheiten abbaut, und in den, der positive aufbaut.

Negative Gewohnheiten abbauen

Zunächst muss man sich klar werden, ob man eine bestimmte ungeliebte Gewohnheit wirklich aufgeben will. Deshalb ist zu Beginn eine Entscheidung gefragt. Mit »ganz oder gar nicht« fährt man meist am besten. Zusätzlich gibt es ein paar hilfreiche Tricks, mit denen man es leichter hinkriegt.

Zeugen aufrufen

Niemand blamiert sich gerne vor anderen oder steht als willensschwach da. Deshalb ist es gut, den festen Vorsatz denjenigen Menschen mitzuteilen, an deren Urteil einem etwas liegt und die man möglichst oft sieht. Diese garantieren, dass ein Rückfall peinlich ist, falls sie einen später doch bei dem Verhalten erwischen, das man ablegen wollte. Und es hat einen bestärkenden Effekt, wenn man vorwurfsvoll hört: »Du wolltest doch nicht mehr …«

Sich ablenken

Oft geht es darum, dem auslösenden Reiz, wie etwa wütend zu reagieren oder sich unaufgefordert kritisch zu äußern, nicht automatisch nachzugeben. Das gelingt, indem man sich für fünf Minuten ablenkt. Nach ein paar Minuten nimmt die Stärke des Impulses ab, und man widersteht ihm leichter.

Im günstigsten Fall hat man vergessen, was man eigentlich wollte.

Ausflüchte vermeiden

Jugendliche verwenden einen Begriff, mit dem sie sich gegenseitig zu Aktivitäten ermuntern: YOLO. Das Kürzel steht für »You only live once«, »Man lebt nur einmal«, auch als »Carpe diem« bekannt. Man sollte genau hinschauen, mit welcher Rechtfertigung man sich seine negative Gewohnheit weiterhin erlaubt. Mit »Einmal ist keinmal« oder »Morgen bin ich wieder diszipliniert« darf man sie sich nicht durchgehen lassen. Kontinuität ist das A und O – nur so wird die negative Gewohnheit gelöscht.

Positive Gewohnheiten aufbauen

Auch für den Aufbau positiver Gewohnheiten gilt: Die Handlungskette darf nicht abreißen, denn sonst muss man wieder von vorne anfangen. Ein gewünschtes Verhalten zu etablieren gelingt am besten, wenn man dabei keine zu großen Unterbrechungen zulässt. In Coachings wird dazu meist die 30-Tage-Regel vermittelt. Sie besagt, dass unser Gehirn etwas als Gewohnheit abspeichert, wenn wir es in diesem Zeitraum kontinuierlich tun, wie etwa aufmerksam zuzuhören, statt nur von uns selbst zu erzählen, oder Positives anzusprechen, statt immer das Haar in der Suppe zu suchen. Damit es klappt und man nicht gleich wieder aufgibt, gibt es einige gute Tricks.

Das Gehirn überlisten

»Kaizen« nennen die Japaner die Methode einer Veränderung zum Besseren. Dabei geht es darum, ein Ziel nicht mit gewaltigem Einsatz zu erreichen, sondern mit kleinen Schritten darauf hinzuwirken, wann immer sich die Gelegenheit bietet. Der Effekt beruht darauf, dass man mit geringen Anstrengungen den Widerstand unterwandert. Statt sich also beim Ziel »Kontakte knüpfen« gleich unter Druck zu setzen, jemanden anzusprechen, grüßt man zunächst nur freundlich. Erfolgreiche winzige Schritte summieren sich allmählich und bilden die Basis für den nächstgrößeren.

Gefühle überspringen

Oft bremst uns die Bequemlichkeit, oder wir haben unnötig Angst vor Neuem. Da hilft nur eins: Es einfach tun! Wir ignorieren bewusst die negativen Gedanken und Gefühle in Bezug auf das jeweilige Projekt und fangen sogleich mit dem erwünschten Handeln an, wie ein programmierter Roboter. Wir schreiben also dem interessanten Menschen, den wir näher kennenlernen möchten, eine E-Mail und überspringen dabei die innere Bremse: »Wahrscheinlich ist ihm das nur lästig.« Oder wir probieren sofort das rote Kleid an und verdrängen hinderliche Gedanken wie »Rot ist für mich doch viel zu auffällig«.

Rollenmodelle suchen

Wir beeinflussen uns gegenseitig mehr, als wir glauben. So hat man festgestellt, dass sich Partner in einer Beziehung schnell einander angleichen. Lebt einer ungesund, ist der andere ebenfalls gefährdet. Das gilt natürlich auch für positive Einflüsse. Von daher ist es sinnvoll, regelmäßigen Umgang mit jemandem zu pflegen, der ein Vorbild für die gewünschte Gewohnheit ist. Man darf auch gerne mal bewundernd nachfragen, wie er oder sie das eigentlich so gut hinbekommt. Ein solches Lob schmeichelt und macht auskunftsfreudig.

Die Vorstellungskraft nutzen

Außer vielen psychologischen Tricks gibt es noch eine besondere Unterstützung zum Ablegen schlechter sowie zur Entwicklung guter Gewohnheiten: unsere Phantasie. Sie kann uns helfen, uns wie gewünscht zu verhalten, indem wir die neue Gewohnheit mit dem so genannten Visualisieren einüben. Leistungssportler nutzen diese Methode schon lange; bei ihnen läuft sie unter »Mentaltraining«: Vor einem Wettkampf stellen sie sich den Ablauf minutiös vor. Dabei nehmen sie sämtliche ungünstigen und stressigen Bedingungen vorweg und trainieren im »geistigen Trockenkurs« die optimalen Reaktionen. Dank dieser Kopfübungen sind sie dann in der Lage, während des Wettkampfes ihre volle Leistung abzurufen. Der Grund: Das Unterbewusstsein kann nicht zwischen Wirklichkeit und Vorstellung unterscheiden. Ein kleiner Test: Stellen Sie sich bitte vor, Sie beißen in eine saure Zitrone. Na, läuft Ihnen schon der Speichel im Mund zusammen?

Mit Visualisierungen ist es wie mit dem Schauen eines Spielfilmes: Je öfter man den Film ansieht / im Kopf ablaufen lässt, desto besser prägen sich die Szenen / das gewünschte Verhalten im Unterbewusstsein ein. Lieblingsfilme schaut man sich ja auch immer wieder gerne an. Häufiges Sehen führt dazu, dass man jede Szene kennt und die Dialoge mitsprechen kann. Genau aus diesem Grund sollte man sich auch die »selbstinszenierten« Filme häufig anschauen. Eine gute Zeit zur Wiederholung ist morgens vor dem Aufstehen und abends vor dem Schlafengehen. Auf diese Weise wird die Phantasie zu einem festen Bestandteil des Unterbewusstseins und kann von dort aus ihre Wirkung auf das Handeln entfalten.

Mit diesen bewährten psychologischen Hilfsmitteln ausgerüstet kann es gelingen, gewohnheitsmäßige Schwächen abzulegen und neue Stärken zu entwickeln. Trotzdem sollte man Geduld mit sich haben. Negative Gewohnheiten sind zäh, und ungewohnte Verhaltensweisen dauerhaft zu etablieren ist gerade zu Beginn ziemlich mühsam. Was über unseren Erfolg entscheidet, ist, neben allem Know-how, dass wir nicht aufgeben. Dass wir weitermachen, auch wenn es langweilig oder schwierig ist, bis uns das gewünschte positive Verhalten selbstverständlich geworden ist. Wichtig ist vor allem, dass wir nicht länger glauben, unser Verhalten sei ein unveränderlicher Bestandteil unserer Persönlichkeit nach dem Motto: »So bin ich nun mal, daran kann ich auch nichts ändern.« Wie unser Denken ist auch unser gewohnheitsmäßiges Handeln ein gelerntes Repertoire.

Wenn unsere Gedanken von gravierenden Einschränkungen befreit sind und unser Verhalten nicht länger von ungünstigen Gewohnheiten bestimmt wird, haben wir eine gute Grundlage für unser Charisma. Unsere Persönlichkeit erscheint wesentlich klarer und leuchtender. Nach diesem inneren Aufräumen ist es nun an der Zeit, sich der Kommunikation mit anderen Menschen zuzuwenden.

Warum sympathische Kommunikation wichtig ist

Eine Freundin, die häufig mit Führungskräften in Wirtschaft und Politik zu tun hat, bemerkte: »Sympathie? Ich kenne eine Reihe charismatischer Persönlichkeiten, die absolut nicht sympathisch sind.« Ich kann ihr nicht widersprechen. Mir ist durchaus bewusst, dass nicht jeder Mensch mit Charisma gleichzeitig auch ein Sympathieträger ist. Es gibt Männer und Frauen, die durch ihre Persönlichkeit andere stark beeinflussen, ohne dass sie gleichzeitig deren Zuneigung gewinnen. Ich bezeichne das allerdings als »Schmalspur-Charisma«, denn es funktioniert nur auf dem Gebiet der Autorität. Für eine umfassende Entfaltung von Charisma ist das zu wenig. Man wird vielleicht bewundert, aber nicht geliebt. Nachhaltiges Charisma braucht zusätzlich Sympathie. Wir erreichen wesentlich mehr, wenn wir nicht nur beeindrucken, sondern gleichzeitig bewirken, dass sich andere in unserer Gegenwart wohlfühlen und uns als angenehme Menschen wahrnehmen. Das gelingt auf unterschiedlichen Wegen: nonverbal mit Körpersprache, dem Einsatz von Stimme und Kleidung, verbal mit gezielter Kommunikation. Ob mit oder ohne Worte: Es gilt, durch die Übereinstimmung von Innen und Außen zu überzeugen und gleichzeitig eine gute Verbindung zu anderen herzustellen. Dafür gelten die folgenden Gesetzmäßigkeiten der Kommunikation, die tief in unserem menschlichen Bewusstsein verankert sind. Sie bewirken, dass man uns als authentisch und sympathisch wahrnimmt.

Kennen Sie die drei magischen Zahlen der Kommunikation? Sie lauten 7 – 38 – 55. Sie werden auf so ziemlich jedem Rhetorikseminar zitiert und dabei meist wie folgt interpretiert: Die Wirkung auf andere kommt nur zu 7 Prozent durch Worte, zu 38 Prozent durch die Stimme und zu 55 Prozent durch die Körpersprache zustande. Die berühmte Formel geht auf den US-Psychologen Albert Mehrabian zurück, der sich Ende der 1960er-Jahre mit der Frage beschäftigte, was passiert, wenn verbale und nonverbale Kommunikation nicht übereinstimmen. Um dies herauszufinden, machte er folgendes Experiment: Zunächst wurden den Versuchspersonen Wörter wie »Liebe«, die in ihrer Bedeutung eindeutige Gefühle auslösen, in positivem, neutralem und negativem Ton vorgespielt. Die Probanden mussten dann beschreiben, wie es jeweils auf sie wirkte. Es zeigte sich, dass der Tonfall einen stärkeren Eindruck bei den Probanden hinterließ als das Wort. Im nächsten Schritt untersuchte Mehrabian, was passiert, wenn Tonfall und Gesichtsausdruck differieren. Dabei stellte sich heraus, dass wiederum der Gesichtsausdruck eine größere Bedeutung hat als der Klang der Stimme. Kombiniert ergaben die Werte dann die bekannte Formel.

Daraus nun abzuleiten, unsere Kommunikation würde nur zu sieben Prozent vom Inhalt bestimmt, der Rest sei nonverbal, ist allerdings eine unzulässige Interpretation des Untersuchungsergebnisses. Wenn man etwa bei einer Prüfung oder einem Vorstellungsgespräch falsche oder unzusammenhängende Inhalte von sich gibt, nutzt auch die perfekteste Körpersprache nichts. Was Mehrabian vielmehr herausfand, war, dass nonverbale Äußerungen eine extrem starke Wirkung auf das Gegenüber haben; sie können Worte komplett überlagern. Angenommen jemand sagt zu seinem Gegenüber mit zusammengekniffenen Augen, schmalen Lippen und schneidender Stimme: »Ich freue mich, Sie zu sehen«, dann haben die Worte im Vergleich zum nonverbalen Ausdruck keine Bedeutung. Man glaubt nicht, dass man willkommen ist. Die Ursache für die – oft unbewusste – Wahrnehmung und Entschlüsselung nonverbaler Signale sind spezielle Nervenzellen, die Spiegelneuronen. Sie werden aktiviert, sobald wir die Mimik oder Gestik anderer beobachten und ihre Stimme hören. Dann spüren wir quasi am eigenen Leib, was unser Gegenüber fühlt. Diese Informationen vergleichen wir mit seinen Worten. Das passiert in Sekundenschnelle, denn Nonverbales und Verbales werden in denselben Bereichen des Gehirns verarbeitet. Das Broca- und das Wernicke-Areal steuern nahezu simultan unsere Wahrnehmung von Gestik, Mimik, Stimme und Sprache. Passen die Aussagen nicht zueinander, glauben wir am ehesten der körpersprachlichen Botschaft.

Mehrabians Ergebnisse zeigen, wie wichtig es ist, dass unsere Körpersprache mit unseren Worten übereinstimmt. Wenn wir dann auch noch wirklich meinen, was wir sagen, und zu unseren Werten stehen, dann erreichen wir damit die heute so gefragte Authentizität.

Sympathien gewinnen mit Körpersprache

Unser Körper ist die reinste Plaudertasche, er äußert sich ständig; dabei ist er auch noch ziemlich indiskret und sagt immer die Wahrheit. Ohne dass wir es bewusst steuern, verraten Mimik, Haltung und Stimme unsere aktuelle Befindlichkeit. Was wir denken und fühlen, spiegelt sich im Äußeren wider. Zwar lässt sich die Körpersprache mit Know-how und Willenskraft weitgehend kontrollieren, doch es gibt immer noch unbewusste, verräterische Signale, die die Umgebung wahrnimmt.

Der Körper lügt nicht

In meinen Charisma-Seminaren speziell für Frauen mache ich mit den Teilnehmerinnen oft folgende Übung: Nachdem ich vermittelt habe, was zu einer selbstbewussten Körpersprache gehört, bitte ich sie, sich paarweise einander gegenüberzusetzen und eine selbstbewusste Haltung einzunehmen. Dann sollen sie ihrer Partnerin in einem einzigen Satz überzeugend mitteilen, was sie besonders gut können, zum Beispiel: »Ich kann hervorragend organisieren.« Egal, wie erfolgreich oder tüchtig die Frauen sind, den meisten fällt es schwer, sich selbst zu loben. Das zeigen sie unabsichtlich in ihrer Körpersprache. Fast jede Teilnehmerin macht trotz bewusster Selbstkontrolle eine kleine Bewegung, die zeigt, wie unangenehm ihr das Selbstlob ist. Ein wippender Fuß, nervöses Fingerhakeln, ein beschwichtigendes Lächeln oder ein zur Seite geneigter Kopf verraten der aufmerksamen Beobachterin, dass das Selbstbewusstsein doch nicht hundertprozentig vorhanden ist. Der US-Psychologe Paul Ekman spricht von »micro expressions« – winzigen, unbewussten Äußerungen durch Gestik oder Mimik, die anderen die Wahrheit über die eigenen Gefühle und Absichten mitteilen, selbst wenn man sie verbergen will.

Über den Geist den Körper beeinflussen

Lohnt es sich also gar nicht, die eigene Körpersprache zu trainieren, weil man ja doch durchschaut wird? Das wäre die falsche Schlussfolgerung. Es geht vielmehr darum, Körper und Geist in eine positive Übereinstimmung zu bringen. Bloße willentliche Kontrolle der Körpersprache reicht nicht aus. Das merkt man zum Beispiel immer deutlich, wenn beim Wahlkampf Politiker für ihren Fernsehauftritt gecoacht wurden. Die aufgesetzt gewinnende Gestik wirkt meistens nicht überzeugend. Erst wenn man wirklich selbstsicher und wohlwollend denkt und fühlt, kann man das hundertprozentig zeigen. Dann gibt es keine verräterischen Mikro-Gesten, die preisgeben, dass wir in Wahrheit ganz anders empfinden. Deshalb ist es wichtig, dass man sich positiv einstimmt, bevor man in Kontakt mit anderen tritt.

Sich vorbereiten

Wenn man einen Termin in Aussicht hat, bei dem man sowohl charismatisch als auch sympathisch wirken will – wie etwa bei einem Bewerbungsgespräch oder einem Date –, ist es sinnvoll, sich gut darauf vorzubereiten. Eine positive Stimmung lässt sich nämlich nicht wie ein Lichtschalter anknipsen. Man muss sie allmählich aufbauen, damit man dann auf den Punkt genau mit Worten und Körpersprache gewinnt. Auf welche Weise man sich auf den gewünschten Level hebt, hängt von den eigenen Vorlieben ab. Man kann spazieren gehen, eine Massage buchen, in einer Buchhandlung stöbern, ein Bad nehmen. Eine Freundin erzählte mir, dass sie vor einer wichtigen Besprechung Rockmusik auflegt und durch die Wohnung tanzt. Eine andere macht eine private Modenschau vor ihrem Kleiderschrank und probiert so lange verschiedene Kombinationen aus, bis sie sich in ihrem Outfit schön und sicher fühlt. Ein Bekannter von mir sieht sich vor einem wichtigen Termin am liebsten eine Sportsendung an, um richtig Power zu kriegen.

Je mehr Zeit man sich für die Einstimmung nimmt, desto besser. Am effektivsten ist es, schon Stunden vorher möglichst nur noch angenehme Dinge zu denken und zu tun. Im Umkehrschluss bedeutet das, alles zu vermeiden, was uns deprimieren könnte: melancholische Musik, schlechte Nachrichten in den Medien und vor allem Kontakt mit Menschen, die uns nerven, kritisieren oder ärgern. Das ist natürlich leichter gesagt als getan, denn leider hat man dies nicht immer in der Hand.

In Stuttgart sollte ich einmal einen Vortrag halten. Die Zeit war knapp, sodass ich mich direkt vom Bahnhof zum Veranstaltungsort fahren lassen wollte. Der Weg war zwar nicht allzu weit, aber wegen des Zeitdrucks und eines großen Koffers war ein Taxi effektiver, als zu Fuß zu gehen. Kaum saß ich im Auto, beschimpfte mich der Taxifahrer, dass man so eine kurze Strecke doch auch laufen könnte. Er wäre zwar gezwungen, jede Fahrt zu übernehmen, aber dass ich das ausgenutzt hätte, wäre eine Unverschämtheit. Am Ende nahm er wortlos mein Geld und warf meinen Koffer regelrecht auf die

Straße. Von dieser geballten Ladung Aggression war ich so geschockt, dass es mich viel Anstrengung kostete, mich für den Vortrag wieder in eine positive Stimmung zu versetzen. In so einem Fall hilft es nur, tief durchzuatmen und sich auf die Gegenwart zu konzentrieren.

Die gute Seite am anderen finden

Der Ausdruck wird nicht nur davon geprägt, was man über sich selbst, sondern auch davon, was man über andere denkt. Und so können Sie es selbst überprüfen:

- Stellen Sie sich vor einen Spiegel und schließen Sie die Augen. Denken Sie intensiv an einen Menschen, den Sie sehr lieben. Malen Sie sich aus, wie Sie ihn umarmen. Sie haben das Gefühl? Gut, dann öffnen Sie die Augen und schauen Sie direkt in den Spiegel.
- Schließen Sie wieder die Augen. Stellen Sie sich nun eine Person vor, die Sie von Herzen verabscheuen. Erinnern Sie sich genau daran, was Ihnen diese Frau oder dieser Mann angetan hat. Öffnen Sie dann die Augen und sehen Sie sofort in den Spiegel.

Ich vermute, im ersten Fall zeigten Sie einen weichen, freundlichen Gesichtsausdruck. Im zweiten waren Sie möglicherweise über Ihren Ausdruck erschrocken.

Wenn man einen Menschen nicht mag, funktioniert es nicht, sich bewusst freundlich zu geben, um eine positive Wirkung zu erzielen. Es gelingt jedoch, sobald man sich mental umpolt: Man überlegt sich, was man an der jeweiligen Person trotz allem positiv findet. Schließlich hat jeder auch eine angenehme Seite: Der Erbsenzähler ist zuverlässig, die Zicke ist immerhin nett zu ihrem Hund, der nervige Kollege hat einen schrägen Humor. Indem man sich die positive Seite vor Augen hält, ändert sich auch die Körpersprache. Man begegnet dem Gegenüber dann auf überzeugende Weise wohlwollend. Wichtig ist allerdings, dass man nur den positiven Aspekt innerlich festhält. Sobald man denkt: »Meine Gegnerin ist zumindest charmant, auch wenn sie einen ganz miesen Charakter hat«, torpediert man mit dieser Ambivalenz den positiven Effekt.

Über den Körper den Geist beeinflussen

Die Verbindung zwischen Geist und Körper ist keine Einbahnstraße. Wir können über unsere Haltung, Gestik und Mimik auch unsere Gedanken und Gefühle beeinflussen. Ein Beweis dafür ist das Experiment des französischen Psychologen Robert Soussignan. Er fand heraus, dass sogar ein künstliches Lächeln die Stimmung heben kann. Seine Versuchspersonen mussten mit einem Bleistift quer zwischen den Zähnen ein paar Minuten lang ihren Mund wie beim Lächeln verziehen. Tatsächlich waren sie danach viel besser gelaunt. Ihr Gehirn hatte über die aktivierten Nerven und Muskeln Wohlbefinden registriert und entsprechende Glückshormone ausgeschüttet. Dieses Prinzip lässt sich auf den gesamten Körper übertragen. Wenn man sich zum Beispiel unsicher fühlt oder Ablehnung empfindet, verschränkt man meistens automatisch die Arme vor der Brust. Indem man sie bewusst öffnet, öffnet man sich auch mental. Wer sich während eines Gesprächs unsicher fühlt, sitzt oft fluchtbereit auf der Vorderkante des Stuhls; die ganze Fläche einzunehmen vermittelt physisch Selbstsicherheit. Ein schwungvoller Gang überträgt sich auch auf den Schwung im Kopf. Man braucht also nur zu überlegen: Welche Körpersprache drückt Fröhlichkeit, Selbstsicherheit oder Offenheit aus? Diese Haltung nimmt man dann ein, um auch sein Denken und Fühlen in diese Stimmung zu versetzen.

Körperliches Unbehagen auflösen

Dass der Körper in der Lage ist, Gedanken und Emotionen zu beeinflussen, wirkt sich leider auch negativ aus. Fühlen wir uns physisch unbehaglich, beeinträchtigt das die seelische Verfassung. Man wirkt missmutig, ist weniger präsent und zugewandt – schlechte Voraussetzungen, um Sympathien zu wecken.

Wenn mich zum Beispiel ein Kleidungsstück einengt, irritiert mich das und stört damit meine Konzentration. Mein Gesprächspartner sieht nur meine gereizte Miene und bezieht dies vermutlich auf sich. Er könnte denken, dass ich ihn ablehne oder schlechte Laune habe. Schließlich kennt er ja die Ursache für mein Verhalten nicht.

Man sollte daher auch kleinste Irritationen nicht als Peanuts abtun, denn das Gegenüber registriert sie und interpretiert sie auf seine Art. Am besten sorgt man dafür, dass körperliches Unbehagen gar nicht erst auftritt. Tatsächlich ist Vorsorge vor allem in puncto Kleidung wichtig, denn als »zweite Haut« beeinflusst sie unser Wohlgefühl ganz unmittelbar. Wer sich zu warm oder zu leicht anzieht, strahlt – schwitzend oder frierend – Unbehagen aus. Das Gleiche gilt für zu kurze oder zu enge Kleidung. In einer TV-Talkshow konnte ich eine Dame beobachten, wie sie permanent damit beschäftigt war, ihren Minirock im Sitzen zupfend zu verlängern. Die Frau wirkte unsicher und nervös, auch wenn ihr Beitrag durchaus interessant war.

Nicht immer lässt sich physisches Unbehagen vermeiden; manche Störung ergibt sich erst in der Situation – etwa wenn einen während eines wichtigen Gesprächs die Sonne blendet oder man durch plötzlichen Lärm abgelenkt wird. Dann ist es wichtig, nicht stumm zu leiden, sondern etwa mit folgender höflichen Frage Abhilfe zu schaffen: »Könnten wir uns wohl in den Schatten setzen? Die Sonne blendet mich zu sehr.« Oder: »Ich kann mich schwer auf Ihre Worte konzentrieren, weil es so laut ist. Vielleicht suchen wir uns ein ruhigeres Plätzchen?« Man sollte immer dafür sorgen, dass man sich selbst wohlfühlt. Das überträgt sich dank der Spiegelneuronen auf das Gegenüber und erhöht die eigene angenehme Wirkung.

Lässt sich körperliches Unbehagen durchaus nicht vermeiden, etwa weil man unter Schmerzen leidet oder eine schlechte Nachricht erhalten hat, ist Offenheit angesagt, damit das Gegenüber keine falschen Schlüsse zieht.

Ich erinnere mich an eine Situation aus meiner psychotherapeutischen Praxis, bei der ich diese Regel vernachlässigte und prompt das Ergebnis kassierte: Ich hatte leichte Zahnschmerzen, wollte aber die Sitzung mit einer Klientin deshalb nicht ausfallen lassen. Also beschloss ich, den Schmerz zu ignorieren und mich auf die Therapie zu konzentrieren. Plötzlich fragte mich die Klientin irritiert: »Sie sind heute so reserviert. Haben Sie etwas gegen mich?«

Die Stimme optimal einsetzen

Zum Körper gehört auch die Stimme. Neben Gestik und Mimik kommt ihr für unsere Wirkung eine große Bedeutung zu. Stellen Sie sich doch nur einmal Ihren Lieblingsschauspieler mit einer Fistelstimme vor; das würde die gesamte Wirkung zunichtemachen. Andererseits gibt es Männer und Frauen, die eigentlich nicht besonders attraktiv sind, die aber mit ihrer Stimme verführen können.

Eine Kollegin klang am Telefon ganz wunderbar, warm und moduliert. Als wir uns dann persönlich kennenlernten, machte ich ihr ein Kompliment: »Sie haben eine großartige Stimme.« Sie erwiderte nur: »Danke, das weiß ich.« Diese Antwort fand ich zwar ein bisschen arrogant, konnte sie aber nachvollziehen. Wenn wir eine schöne Stimme haben, dann hat man uns das gewiss schon häufiger gesagt. Haben wir aber ein unangenehmes Organ, teilt uns das so schnell keiner mit. Aus gutem Grund: Die Stimme ist ein ganz persönliches Instrument, das sowohl die aktuelle Befindlichkeit ausdrückt wie auch den Charakter widerspiegelt. Da hält man sich mit Kritik vielleicht doch lieber zurück, um niemanden zu kränken. Umso wichtiger ist es, gegebenenfalls Selbstkritik zu üben; ein schöner Klang und eine angenehme Sprechweise sind für eine positive Wirkung nämlich unerlässlich. Leider ist die Liste der gängigen »Sprechsünden« ziemlich lang: zu laut, zu leise, zu schnell, zu langsam, zu hoch. Monoton, näselnd, nuschelnd, Silben verschluckend. Oder der permanente Gebrauch von »Äh« oder anderen Füllworten. Das meiste davon lässt sich mit Aufmerksamkeit und Selbstkontrolle beheben, ohne dass man eine logopädische Praxis aufsuchen müsste.

Die Lautstärke regulieren

Zu lautes Sprechen vermittelt zwar vermeintlich Dominanz, ist aber äußerst unangenehm für die Zuhörer. Das erlebt man jeden Tag im Restaurant oder in öffentlichen Verkehrsmitteln. Einem Herrn, der im Zug lautstark telefonierte, teilte ich mit: »Die Wand zu Ihrem Abteil bietet einen Sichtschutz, aber keinen Hörschutz. Ich möchte Sie bitten, etwas leiser zu sprechen.« Nicht jeder wehrt sich so direkt. Deshalb erfährt man selten, ob man zu laut spricht oder nicht.

Zu leise zu sprechen kann ebenfalls eine Folter für die Zuhörer sein. Man zwingt das Gegenüber damit, angestrengt zuzuhören. Das kann darin begründet sein, dass man nur bedingt zu dem steht, was man sagt. Oder es steckt der heimliche Wunsch dahinter, wichtig genommen zu werden, indem einem das Gegenüber an den Lippen hängen muss.

Ob man es mit der einen oder anderen Absicht übertreibt, verrät das nonverbale Feedback der Menschen um uns herum. Bei genervten Blicken empfiehlt es sich, die Phonzahl zu drosseln. Muss sich dagegen jemand zu weit nach vorne beugen, sollte man einfach lauter sprechen. Das ist Übungssache.

Das Tempo regulieren

Schnelles Sprechen vermittelt Dynamik, doch man kann beim Zuhören auch schwerer den Inhalten folgen. Dass jemand schnell redet, liegt meist daran, dass er schnell denkt. Die Worte sprudeln einfach heraus. Aber es gibt auch tieferliegende Gründe. Hinter einem hastigen Sprechen steckt oft die schon früh gelernte Angst, der Gesprächspartner würde sich sonst abwenden. So erzählte der Modedesigner Karl Lagerfeld in einem Interview, seine Mutter habe ihn als Kind angetrieben, schneller zu sprechen, damit sie sich seinen Unsinn nicht so lange anhören musste. Das Tempo hat er sich bis heute bewahrt.

Das Gegenteil von Sprechgalopp ist zu langsames Sprechen. Dem kann man zwar gut folgen, aber es macht ungeduldig. Außerdem verführt es dazu, den langsamen Sprecher immer wieder zu unterbrechen. Ein moderates Tempo, also weder zu schnell noch zu langsam, lässt sich trainieren, indem man zum Beispiel jemandem aus einem Buch oder einer Zeitschrift vorliest und hinterher nachfragt, ob das Tempo angenehm war.

Moduliert sprechen

»Nie wieder Jubiläumsfeiern« habe ich mir geschworen, nachdem ich mir auf einer Veranstaltung geschlagene drei Stunden ohne Pause die Reden verschiedener Honoratioren der Stadt und Wegbegleiter des Jubilars anhören musste. Bei der Gelegenheit konnte ich wieder einmal feststellen, dass es den meisten nicht von Natur aus gegeben ist, interessant zu sprechen. Das bezieht sich weniger auf den Inhalt als auf den Tonfall. Nichts schläfert mehr ein als eine gleichförmige Tonlage. Aus gutem Grund benutzt man sie bei Hypnose, um den Klienten in Trance zu versetzen. Das Gegenteil gelingt, indem wir abwechslungsreich sprechen: mal etwas tiefer oder höher, mal lauter, mal leise, mal schnell, mal langsam – so, wie es der Inhalt verlangt. Natürlich darf man auch dabei nicht übertreiben; schließlich liest man ja nicht das Dschungelbuch mit verteilten Rollen vor.

Emotionen vermitteln

Menschen, die uns gut kennen, hören schon allein an unserer Stimme, wie es uns geht, denn unsere Stimme ist in der Lage, das gesamte emotionale Spektrum auszudrücken. So klingen wir deprimiert, fröhlich, glücklich, verärgert, beleidigt, triumphierend. Manchmal versucht man, dagegen anzugehen, weil man nicht möchte, dass der Gesprächspartner den wahren Gemütszustand erfährt. Dann bemüht man sich, der Stimme einen gleichmütigen oder heiteren Klang zu geben. Das funktioniert allerdings selten, denn das wunderbare Instrument Stimme hat auch Untertöne, die mitschwingen. Anstatt viel Energie darauf zu verwenden, Emotionen zu kaschieren, sollten wir sie bewusst einsetzen. Das kann durchaus Lebendigkeit und Jugendlichkeit vermitteln. Ich kenne beispielsweise eine siebenundachtzigjährige Dame, die eine ganz junge Stimme hat, weil sie damit wie auf einem Instrument ihre Gefühle ausdrückt.

Zugegeben, es ist schon einiges, auf was wir eventuell achten müssen, aber es lohnt sich. Durch die bewusste Arbeit an Körpersprache und Stimme lernen wir, auch äußerlich mit unseren Gefühlen übereinzustimmen und tatsächlich eine positivere Einstellung zu anderen Menschen zu entwickeln. Und das ist eben kein Trick, um andere zu beeindrucken – es ist im wahrsten Sinne des Wortes eine echte Leistung.

Sympathien gewinnen mit Kleidung

Im nonverbalen Bereich ist Kleidung fast ebenso ausschlaggebend für Authentizität, Sympathie und Charisma wie Körpersprache. Mit ihr geben wir ein komplexes Statement über uns ab – selbst dann, wenn wir uns nicht sonderlich für Mode interessieren. Vordergründig signalisiert man mit seiner Kleidung den sozialen Status, aber gleichzeitig vermittelt man, wie kompetent, wie vertrauenswürdig, wie selbstbewusst man ist, wie viel Selbstwertgefühl man besitzt, wie ausgeprägt das eigene Stilempfinden ist.

Dass Kleidung wirkt, zeigt sich besonders deutlich an formalen Kleidungsstücken, mit denen sich Experten ausweisen:

Der weiße Kittel steht für den Arzt, die Robe für den Richter, der Talar oder das Priestergewand für den Geistlichen, die Uniform für den Polizisten und Soldaten. Sie beeindrucken den Betrachter so stark, dass er oft nicht einmal mehr hinterfragt, ob die Person, die sie trägt, ihrer Aufgabe auch fachlich gewachsen ist. In dem Klassiker *Der Hauptmann von Köpenick* von Carl Zuckmayer macht eine im Fundus erworbene Uniform aus einem Kleinkriminellen eine Respektsperson. Ähnlich funktioniert es in dem Spielfilm *Catch Me If You Can*, der ebenfalls auf einer wahren Begebenheit beruht: Frank William Abagnale gelingt es mit Hilfe einer Pilotenuniform, monatelang als »Deadhead« – Flugpersonal, das nach Hause oder zu einem Einsatzort geflogen wird – kostenlos durch die Welt zu jetten. Vermutlich haben die wenigsten von uns die Absicht, sich mit Kleidung als Hochstapler zu betätigen. Trotzdem ist es für uns wichtig, mit ihr ein Signal zu setzen, wer wir sind oder sein wollen.

Sich optisch anpassen

Der Grundsatz ist ganz einfach: Wir mögen Menschen, die uns ähnlich sind. Das gilt beruflich wie auch privat. Die Ursachen hierfür gehen weit zurück in unsere Entwicklungsgeschichte. Für die Menschen früherer Zeitalter war es überlebenswichtig, Mitglieder des eigenen Stammes von denen anderer Gruppen unterscheiden zu können. Dieser Instinkt leitet uns bis heute: Wenn wir jemanden sehen, der uns in seiner Aufmachung ähnelt, erhält er einen Vertrauensvorschuss. Wir gehen dann davon aus, dass er zur gleichen sozialen Schicht gehört und damit auch unsere Werte teilt. Schließlich nehmen wir das Äußere wahr, noch bevor unser Gegenüber zu sprechen anfängt. Mit dem passenden Outfit signalisieren wir: Ich bin so wie ihr. Andernfalls erscheinen wir als Fremde und können Zurückhaltung oder sogar Ablehnung hervorrufen.

Die Lektion, sich optisch möglichst nicht zu weit von der Peergroup zu entfernen, wenn man dazugehören will, hat mich im Psychologiestudium sogar ein Semester gekostet: In den Siebzigerjahren bestand ein beliebtes »Studentenoutfit« aus Jeans und Parka. Ich hatte modisch eine etwas andere Einstellung: Kleidung war für mich künstlerischer Selbstausdruck. Also scheute ich mich nicht, im Paradiesvogel-Look in die Uni zu gehen: Ich trug zum Beispiel eine Hose mit Tigermuster, darüber eine lila Seidentunika plus Nietengürtel. Man mag über den Geschmack der Zusammenstellung streiten – auffällig war sie in jedem Fall. So saß ich auch zu Semesterbeginn im Seminar »Praxis der Verhaltenstherapie«. Gleich am Anfang sollten sich jeweils ein Student und eine Studentin für das kommende Halbjahr als therapeutisches Paar zusammentun, um mit Klienten zu arbeiten. Das Dumme war nur, dass es einen Studenten zu wenig gab. Ein Kommilitone musste sich deshalb zwischen mir und einer anderen Studentin entscheiden. Er wählte – nicht mich. Geknickt fragte ich ihn anschließend, warum er sich denn gegen mich entschieden hätte. Er antwortete ganz ehrlich: »So, wie du angezogen bist, machst du mir Angst.« Ohne Therapie-Partner war das Seminar für mich gelaufen, und ich musste ein Semester lang auf das nächste warten. Dreimal dürfen Sie raten, wer dann da in Jeans und Parka saß. Ich hatte verstanden.

In jeder sozialen Gruppe gibt es offen oder unausgesprochen einen Dresscode. An ihn sollte man sich weitgehend halten, um positiv wahrgenommen zu werden. Besonders deutlich zeigt sich das im Berufsleben.

Jobs, in denen es wichtig ist, Vertrauen auszustrahlen, bedingen ein entsprechend seriöses Outfit. In Banken und Versicherungen, in Anwaltskanzleien oder beim Verkauf von Luxusartikeln gilt es, sich gediegen zu kleiden. Wer hier optisch zu lässig auftritt, wirkt meist unseriös.

Kreative Berufe hingegen verlangen je nach Richtung bei der Kleiderwahl Phantasie oder schlichte Eleganz. Eine Malerin oder ein Modedesigner dürfen sich auffällig kleiden, ein Architekt oder eine Museumskuratorin eher edel. In Handwerkerberufen ist es sinnvoll, eher praktisch und funktional gekleidet zu erscheinen; – buntschillernd aufzutreten wäre verfehlt. Wenn man also eine anziehende Wirkung erzielen will, sollte man wissen, was die Gruppe trägt, zu der man gehören möchte, und die Kleidung entsprechend wählen. Allerdings darf man es auch nicht übertreiben und sich wie ein Chamäleon komplett anpassen, um akzeptiert zu werden.

Accessoires: Kleine Eigenheiten sind erlaubt

Wenn man trotz äußerlicher Anpassung gleichzeitig Besonderheit ausstrahlen will, ist es angebracht, sich ein wenig vom Gros der Gleichartigen abzuheben. Das gelingt am besten mit Accessoires. Ohne dass man den Dresscode verlässt, können wir mit Schuhen und Taschen, Schmuck und Uhren, Halstüchern oder Krawatten entsprechende Akzente setzen.

Lisbeth, 46, ist Notarin. Als sie zum offiziellen Empfang eines Klienten eingeladen wurde, trug sie, wie erwartet, ein elegantes beiges Kostüm. Das war zwar passend, aber auch ein bisschen langweilig. Also wählte Lisbeth zusätzlich eine kleine, bunte Stofftasche, die sie aus ihrem letzten Thailandurlaub mitgebracht hatte. Sie wurde mehrfach auf ihr schickes Outfit angesprochen.

Männer können mit Krawatten und Uhren ebenfalls ihren Dresscode akzentuieren. Wie Norbert, 36, Immobilienmakler, der stets im seriösen Anzug auftritt. Mit einer großen Sportuhr als »Eyecatcher« macht er auf sich aufmerksam.

Ob wir damit auf Kunst, Punk, Pop, Sport, Abenteuer, Glamour verweisen – mit Accessoires können wir ein kleines Signal setzen: Hey, ich habe auch noch eine andere Seite!

Sich mit Extravaganz abheben

Während es in den meisten Fällen angebracht ist, sich optisch anzupassen, ist im Hinblick auf eine charismatische Erscheinung natürlich auch das Gegenteil möglich: Man hebt sich mit seiner Kleidung bewusst von der Masse ab, um aufzufallen. Ein Popstar wie Lady Gaga nutzt Extravaganz sogar, um zu provozieren. Bei den MTV Video Music Awards 2010 erschien sie zum Beispiel in einem Kleid aus Fleischstücken. Offenbar ging ihre modische Schockstrategie auf: Im Internet hatte sie fünf Millionen Follower.

Harriet Rubin, ehemals Lektorin in einem großen amerikanischen Verlag, beschreibt in ihrem Bestseller *Machiavelli für Frauen*, wie eine Chefin den Konferenzraum betritt. »Sie trug einen weitkrempigen Hut und eine dunkle Sonnenbrille, als wäre die Welt für sie eine Wüste, vor deren blendender Sonne sie sich schützen müsste. Ihr Kleid war streng, erregte aber wegen seiner Besonderheit Aufmerksamkeit. Mit diesem Outfit beeinflusste sie auf brillante Weise die Stimmung im Raum.«

So weit muss man nicht gehen, aber wenn es Sinn macht, aufzufallen, dann sollte man es tun. Wenn alle Dunkelblau tragen, kleidet man sich in Rot. Wenn sich alle gestylt haben, kommt man ganz schlicht. Gediegenes wird erwartet – man überrascht mit topmodischem Outfit.

Wer das Kontrastprogramm zu den Gepflogenheiten der Gruppe wählt, sollte wissen, was er erreichen will. Für reine Sympathie eignet sich diese Methode weniger, denn sie spaltet. Die einen finden es toll, die anderen unmöglich. Außerdem gehört zu einem solchen Auftritt eine gehörige Portion Mut und Selbstvertrauen: Die neugierigen, abschätzigen, erstaunten oder ablehnenden Blicke muss man aushalten können.

Stil zeigen

Bisher haben sich die Überlegungen auf die soziale Wirkung von Kleidung bezogen. Es gibt jedoch noch einen anderen Aspekt, der mit Charisma viel zu tun hat: Über Kleidung kann man seine Persönlichkeit und sein Lebensgefühl ausdrücken. In dem Zusammenhang spricht man von Stil. Der lässt sich zunächst ganz allgemein in Kategorien einteilen, die für Männer ebenso gelten wie für Frauen: sportlich, elegant, klassisch, lässig, avantgardistisch, flippig, romantisch und extravagant. Tatsächlich sind die Möglichkeiten schier endlos, zumal sich Stile auch mischen lassen.

In fast jeder Modezeitschrift gibt es genaue Anleitungen, was zu einem bestimmten Stil gehört und wie man es trägt, beruflich und privat unterschieden, manchmal sogar in verschiedene Altersgruppen eingeteilt. Ich gebe zu, dass ich diesen Vorschlägen ambivalent gegenüberstehe. Auf der einen

Seite finde ich sie nützlich, da sie modisch Unerfahrenen und An-Trends-Interessierten eine Struktur für die Wahl ihres Outfits geben. Andererseits wird man auf diese Weise in ein Korsett gepresst, das sich allein an der Mode orientiert, ohne Rücksicht auf unterschiedliche Körperproportionen oder passende Farbgebung.

Ähnlich verhält es sich mit den so genannten »Stil-Ikonen«, Frauen und Männer, die für sich einen eigenen, besonderen und unverwechselbaren Stil entwickelt haben, der für andere zum Vorbild wird: zum Beispiel Audrey Hepburn im kleinen Schwarzen zum *Frühstück bei Tiffany* oder die Beatles, die eine ganze männliche Generation zum Tragen von Pilzköpfen anregten. Moderne Stil-Ikone ist etwa Kate Moss, die Eleganz mit lässiger Rockattitüde verbindet. Oder die englische Schauspielerin Tilda Swinton, die kunstvoll ausgefallene Designerstücke mixt. Von Stil-Ikonen kann man sich natürlich Anregungen holen, sollte sie aber nicht komplett kopieren, wenn man seinen eigenen, individuellen Typ hervorheben möchte.

Den persönlichen Stil finden

Um den eigenen Stil zu finden, muss man sich erst einmal die Fragen stellen: Wer bin ich? Wie lebe ich? Wie möchte ich gesehen werden? Die Antworten darauf sind die Grundlage für einen individuellen Stil, der das eigene Charisma unterstützt, weil er uns unverwechselbar macht. Um dem Wie auf die Spur zu kommen, habe ich folgendes Interview mit der Designerin Iris von Arnim geführt und sie gefragt: Was ist guter Stil?

Interview mit Iris von Arnim: Was ist guter Stil?

Iris von Arnim entwirft seit 35 Jahren hochwertige Mode aus Kaschmir. Ihre wunderschönen Strickkollektionen sind von Sylt bis New York gefragt.

Eva Wlodarek: »Frau von Arnim, was ist guter Stil?«

Iris von Arnim: »Ich finde, dass Stil sehr subjektiv ist. Ich mache Mode für die Frau, die ich am besten kenne, das bin ich. Mein Stil ist – weil ich selber so lebe – sportlich, klassisch, aber mit ›Seitenzweigen‹. Für mich gehört genauso dazu, sich ab und zu selbst zu inszenieren. Wenn ich Lust verspüre, mache ich mich gerne so richtig schön und zeige meine Weiblichkeit. Aber ich zwänge mich nicht in Dinge rein, um als Stehpüppchen zu wirken. Man sollte sich so kleiden, wie man lebt. Es muss zu dem passen, was man darstellt, sowohl im Beruf als auch in der Familie und im Freundeskreis.«

Eva Wlodarek: »Ich höre heraus, dass stilvolle Kleidung mit der Persönlichkeit und dem Lebensstil übereinstimmen muss.«

Iris von Arnim: »Ja, es geht um eine gewisse Harmonie.«

Eva Wlodarek: »Was glauben Sie: Wird man mit einem Stilempfinden geboren oder lernt man es?«

Iris von Arnim: »Da geht es wieder um die alte Frage Gene oder Umwelt, Stil qua Geburt? Ich weiß nicht ... Viele Menschen lernen Stil, weil sie in einer Familie aufgewachsen sind, in der er gepflegt wurde. Unter dem Einfluss nehmen sie das ja schon mit der Muttermilch auf. Das habe ich aber alles nicht gehabt. Heute mache ich Luxusmode, aber ich bin wahrhaftig nicht mit Luxus aufgewachsen. Wir waren Flüchtlinge. Nach dem Krieg lebten wir in einer Sozialwohnung in Hannover. Meine Mutter starb, als ich drei Jahre alt war, mein Vater, als ich sechzehn war. Aber es war eine Sehnsucht in mir, meinen Namen wert zu sein. So habe ich eben den eigenen Stil learning by doing entwickelt. Ich habe mir dann später in Ermangelung von Eltern meine Wahlverwandtschaften gesucht. Menschen, die ich bewunderte und von denen ich lernen konnte. Dazu zählten die Mütter von Freunden oder ältere Frauen, die meine Mutter hätten sein können. Und sie wohnten dann eben in einem Haus, in dem Kunst an der Wand hing und Künstler zu Gast waren. Das habe ich mir abgeguckt. Auch das Leben bringt einem Stil bei. Sich selber zu beobachten und andere Menschen zu beobachten und zu überlegen: Was passt zu wem?«

Eva Wlodarek: »Es ist also möglich, seinen Stil zu entwickeln, wenn man es wirklich möchte. In vielen Modezeitschriften gibt es Stil-Vorschläge, wie man sich Kleidung zusammenstellen soll. Was halten Sie davon?«

Iris von Arnim: »Man erwartet vielleicht auch von einer Designerin, dass sie solche Tipps gibt, aber dafür stehe ich nicht, und das entspricht auch nicht meiner Kollektion. Man muss seinen Stil selbst finden. Das hat viel mit Arbeit und Auseinandersetzung zu tun. Das ist nicht immer leicht. Wie alles Gelingen hat auch die Suche nach dem eigenen Stil mit Anstrengung zu tun. Geschenkt kriegt man es nicht. Dafür hat das, was man sich erwirbt, auch Substanz.«

Eva Wlodarek: »Das kann ich aus meiner eigenen Erfahrung bestätigen. Ich war schon als Teenager ziemlich groß. Damals, Anfang der 1960er-Jahre, trug man Rüschenblusen und so niedliches Zeug – das passte überhaupt nicht zu mir. Ich musste auch erst lernen, was zu mir passt. Ein bisschen neidvoll muss ich allerdings sagen: Heute gibt es viel mehr Möglichkeiten als damals.«

Iris von Arnim: »Ja, heute funktionieren alle Stile gleichzeitig. Das macht es ja umso schwieriger. In dieser Zeit haben wir die Wahl und können uns vieles leisten. Alles ist gleichzeitig Mode. Selbst für das kleine Portemonnaie, wenn man jung ist oder nicht so viel Geld hat, gibt es schon sehr viele stilvolle Produkte bei den großen Modeketten. Sogar für unser Alter gibt es da hinreißende Sachen. Deshalb ist es heute noch viel schwieriger, weil man wählen muss.«

Eva Wlodarek: »Wir haben die Qual der Wahl. Was sollen wir wählen?«

Iris von Arnim: »Ich muss wissen, worin ich mich wirklich wohlfühle. Es gibt Tage, da wacht man auf und sagt sich: Heute möchte ich am liebsten unsichtbar sein und eine Tarnkappe aufhaben. Aber ich muss trotzdem die Kinder zum Kindergarten bringen oder habe eine geschäftliche Verabredung. Dann wähle ich Kleidung, die eben nicht auffällig ist, aber trotzdem elegant oder was immer meinem persönlichen Stil entspricht. In jedem Fall muss es ein Look sein, in dem man sich wohlfühlt. Dann fühlt man sich frei. Man darf sich nicht von der Vorstellung versklaven lassen, man müsste so oder so aussehen.«

Eva Wlodarek: »Aber manchmal lässt sich ein ›Dress for success‹ doch kaum vermeiden.«

Iris von Arnim: »Nicht Sklave der Vorstellung anderer zu sein, das sagt sich natürlich sehr einfach. Auch ich muss gestehen: Wenn ich abends auf ein Event gehe, weiß ich, dass Fotografen kommen und ich gut aussehen muss. Dann probiere ich auch mal eine Viertelstunde hin und her. Ich muss in den Spiegel gucken, ob es passt. Ich muss überlegen, welche Schuhe ich trage. Werde ich den ganzen Abend auf High Heels stehen, oder kann ich die meiste Zeit sitzen? Das will durchdacht sein.«

Eva Wlodarek: »Das Outfit muss also nicht nur mit dem eigenen Gefühl übereinstimmen, sondern auch zu dem Anlass passen. Trotzdem bleibt man seinem Stil treu?«

Iris von Arnim: »Eine gewisse Treue ist wichtig, nicht ständig Hü und Hott. Denn ich will mich nicht immer wieder in jemand anderen verwandeln. Ich behaupte nicht, dass mein Stil der beste ist. Es ist der, den ich propagiere und den ich lebe. Und den offenbar auch meine Fangemeinde seit über 30 Jahren schätzt. Das sind Menschen, die auf ein Teil sparen und sich sagen: Lieber ein Stück im Jahr, aber dann etwas Gutes. Und die dieses Teil dann pflegen und lange besitzen. Das ehrt mich total.«

Eva Wlodarek: »Gibt es mit Blick auf Stil eigentlich Unterschiede zwischen Alt und Jung?«

Iris von Arnim: »Die sind nur marginal. Es ist erstaunlich, was sich da in den letzten 30 Jahren in der Mode entwickelt hat. Klar, die Protagonisten in der Werbung sind immer noch die Jungen, aber im Prinzip können wir Älteren, sofern wir unsere Figur à jour halten, auch alles tragen. Wir ziehen einen Mini an, wenn wir die schlanken Beine dazu haben. Wir können alles tragen, außer vielleicht das tiefe Dekolleté oder sehr nackte Arme, aber dafür gibt es ja auch die kleine Stola. Wir stehlen damit unseren Kindern ziemlich die Show, indem wir das auch alles tragen. Ein bisschen gemein, oder? Es ist nicht mehr wie vor hundert Jahren, als es hieß: ›Das schickt sich nicht.‹ Ich bin zwar eher klassisch und sportlich, aber hin und wieder ziehe ich auch mal ein Prinzessinnenkleid an und fühle mich total wohl. Mir ist es dann auch völlig egal, wie die anderen gucken.«

Eva Wlodarek: »Das ist ja auch eine Frage des Selbstbewusstseins. Wenn man selbstbewusst ist, kann man alles tragen. Selbst wenn ich mir jetzt eine rote Schleife ins Haar binden würde …«

Iris von Arnim: »Aber man muss von selbst darauf kommen und nicht, weil in der Modezeitschrift steht: ›Eine rote Schleife hebt Ihr Selbstbewusstsein.‹ Dann ist man verkleidet.«

Sympathien gewinnen mit der richtigen Wortwahl

Was eine gute verbale Kommunikation ausmacht, lässt sich in einem Satz zusammenfassen: Es kommt darauf an, dem Gesprächspartner eine angenehme Atmosphäre zu verschaffen. Das klingt ziemlich einfach, und man könnte glauben, es reiche aus, einfach nett zu sein. Tut es aber nicht. Es gehört noch eine Menge mehr dazu: Man muss das Selbstwertgefühl des Gegenübers berücksichtigen. Man muss die Wirkung der eigenen Worte kennen. Man muss Fingerspitzengefühl bei Kritik zeigen. Ein zwar umfassender, aber für unsere Kontakte äußerst lohnender Einsatz.

Verbundenheit herstellen

Begegnungen sollten immer das Ziel haben, eine positive Verbindung zwischen den Gesprächspartnern herzustellen. Von Kopf zu Kopf, aber auch von Herz zu Herz. Es geht darum, Resonanz zu erzielen. Auf physikalischem Gebiet bedeutet Resonanz, dass zum Beispiel ein Uhrpendel oder die Saiten einer Gitarre nach einem Impuls von außen auf der gleichen Frequenz mitschwingen. Auch mit den eigenen Worten können wir bewirken, dass wir mit dem Gegenüber »auf einer Wellenlänge schwimmen«. Auf diese Weise erhalten wir die größte Sympathie.

Einfühlsam sprechen

Wenn man nur um sich und die eigenen Angelegenheiten kreist, gerät man leicht in Gefahr, die Bedürfnisse des Gegenübers nicht mehr wahrzunehmen. Das zeigt sich dann auch an der Wahl der Worte.

So ging es einem ehemaligen Vorstandssprecher der Deutschen Bank. Durch die Insolvenz eines Immobilienunternehmers waren Handwerkerrechnungen im Wert von 50 Millionen DM offengeblieben, die die Deutsche Bank bezahlen sollte. Der Vorstandssprecher bezeichnete diese Summe als

»Peanuts« – Kleinigkeiten. De facto stimmte das sogar: In Relation zu den gesamten Forderungen von 5 Milliarden DM entsprachen die Handwerkerrechnungen nur einem Prozent der Gesamtsumme. Aber der Banker war offenbar nicht in der Lage, sich in die betroffenen Gläubiger einzufühlen. Für die zahlreichen, meist kleinen Betriebe waren die Außenstände nämlich keineswegs »Peanuts«, sondern von existenzieller Bedeutung.

Bevor wir den Mund aufmachen, sollten wir überlegen, was unsere Mitteilung für den anderen bedeuten könnte. Dann kommen wir ziemlich schnell darauf, dass wir der alleinerziehenden Mutter, die sich und ihr Kind mühsam durchbringt, nicht von unserem Tauchurlaub auf den Malediven vorschwärmen. Oder dass wir dem Kollegen, der Sorge um seinen Arbeitsplatz hat, nicht freudestrahlend von unserer Vertragsverlängerung berichten. Hier hilft die Frage: Würde ich das an ihrer oder seiner Stelle gerne hören?

Verständlich sprechen

Sagt die Ehefrau zum Arzt: »Herr Doktor, mein Mann sitzt völlig homöopathisch im Sessel und infiziert sich für gar nichts mehr. Kann man das mediterran behandeln, oder müssen wir damit besser zu einem Psychopathen?«

Dass jemand meint, er müsse sich besonders intellektuell geben, ohne es zu sein, passiert tatsächlich ziemlich häufig. Ich erinnere mich an einen Professor während meines Psychologiestudiums, für dessen Klausuren man seine Lehrbücher lesen musste. Diese waren fürchterlich kompliziert geschrieben und schwer verständlich. Das lag nicht etwa am Inhalt, sondern an der Vorliebe des Autors, möglichst jedes Wort in ein Fremdwort zu verwandeln und es dann in einen halbseitigen Bandwurmsatz einzufügen. Nach einer Vorlesung fasste ich mir ein Herz und fragte ihn, warum er sich denn in seinen Lehrbüchern so kompliziert ausdrücke. Er antwortete von oben herab: »Ich schreibe schließlich nicht für Studenten, sondern für meine Kollegen.« Aha. Es ging also nicht darum, Wissen zu vermitteln, sondern das akademische Pfauenrad zu schlagen.

Wenn man über die Köpfe anderer hinwegspricht, muss man sich nicht wundern, dass man sie nicht wirklich erreicht. Besonders der unnötige oder übermäßige Gebrauch von Fachbegriffen und Fremdwörtern kann sich ungünstig auswirken. Während man sie im Kollegenkreis durchaus benutzen darf, sollte man ansonsten auf sie verzichten oder sie zumindest erklären.

Man passt seine Sprache möglichst an diejenigen an, mit denen man redet. Das bedeutet nicht, dass wir uns an einem Dialekt versuchen oder für Kids auf »voll geil« umsteigen. Wir sollten uns schon treu bleiben, aber gleichzeitig im Auge behalten, mit wem wir sprechen.

Verbindend sprechen

Die Referentin gab sich große Mühe, ihre Zuhörerinnen zu beeindrucken. Sie wies darauf hin, dass sie Führungskräfte von Dax-Unternehmen coacht. Sie betonte, dass sie auf internationalen Konferenzen unterwegs ist. Sie erwähnte, dass ihr kürzlich ein bedeutender Preis verliehen wurde. Man hörte ihr zu, aber sie wurde mit dem Publikum nicht warm. Kein Wunder, denn ihr Schwerpunkt lautete: ich, ich, ich.

Mit einem großen Ego bekommt man vielleicht Respekt, aber selten Sympathie. Deshalb sollte man im Gespräch nach möglichen Verbindungen und Ähnlichkeiten suchen und diese gezielt ansprechen. Was haben wir gemeinsam? Was können wir zusammen schaffen? Auch hier gilt, wie es bei der »Aktion Mensch« heißt: Das Wir gewinnt.

Mit Worten bereichern

Ein schönes Geschenk nimmt uns meist für die Person ein, von der wir es erhalten. Ein ähnlich positives Gefühl kann man bei anderen wecken, wenn man sie im Gespräch mit Worten »bereichert«. Etwa indem man ihnen etwas Interessantes mitteilt oder ihnen eine für sie wichtige Information weitergibt.

Gesprächsthemen vorbereiten

Je informierter wir sind, desto interessanteren Gesprächsstoff haben wir anzubieten. Deshalb ist es nützlich, sich über aktuelle Ereignisse auf dem Laufenden zu halten. Magazine, Zeitungen, Radiofeatures und TV-Dokumentationen sind hierfür eine gute Quelle. Wir sind dann in der Lage, passende Fragen zu stellen und damit unser Gegenüber zu einer ausführlichen Antwort anzuregen.

Ich hatte zufällig in einer Zeitschrift einen Artikel über die angesagte Sportart Stand-up-Paddling gelesen, bei der man aufrecht auf einer Art Surfbrett steht und sich mit einem langen Paddel fortbewegt. Damit hatte ich auf einem Fest gleich einen Anknüpfungspunkt mit einem sportbegeisterten Gast.

Gesprächig sein

Wortkargheit ist verbaler Geiz. Dazu gibt es folgenden netten Witz: Ein Mann kommt aus der Kirche. Seine daheimgebliebene Frau fragt ihn: »Na, wie war die Predigt?« – »Gut.« –

»Worüber hat der Pfarrer denn gepredigt?« – »Sünde.« – »Und, was hat er dazu gesagt?« – »Er war dagegen.«

Sicher ist es nicht jedem gegeben, sich wortreich zu äußern. Introvertierte Menschen stellen sich ungern in den Mittelpunkt und tun sich schwer damit, einen großen Zuhörerkreis zu unterhalten. Das ist jedoch keine Entschuldigung für Einsilbigkeit. Wenn der Gesprächspartner einem die Würmer aus der Nase ziehen muss, wird er sich äußerst unwohl fühlen. Deshalb sollten sich auch zurückhaltende Menschen dazu zwingen, ausführlich zu antworten.

Monologe vermeiden

Das Gegenteil von einem verbalen Geschenk ist es, das Gespräch egozentrisch an sich zu reißen.

Nach einer Veranstaltung hatte sich eine nette Runde von einander teils bekannten, teils unbekannten Personen zusammengefunden. Wir saßen in einem Bistro an einem langen Tisch und unterhielten uns angeregt – bis einer der Anwesenden plötzlich das Wort ergriff. Anfangs hörten wir ihm noch interessiert zu; anscheinend beflügelt von unserer Aufmerksamkeit führte er seine Ansichten immer weiter aus. Er bekam nicht mit, dass wir allmählich nur noch aus Höflichkeit zuhörten. Dabei kann man die Anzeichen dafür klar erkennen:

- Starre Mimik: Das Gesicht wirkt leer. In einem ausgewogenen Gespräch spiegelt es das Gehörte wider.
- Unruhige Körpersprache: Der Zuhörer rutscht auf seinem Sitz hin und her oder spielt mit Gegenständen.
- Der Blickkontakt bricht ab: Weil man sich langweilt, zieht man sich in sich selbst zurück und hängt eigenen Gedanken nach.

Sobald man diese Signale empfängt, sollte man seine Ausführungen schnellstens beenden.

Positiv sprechen

Nach manchen Begegnungen fühlen wir uns regelrecht beschwingt, sind inspiriert und haben gute Laune. Das passiert meistens, wenn wir jemanden getroffen haben, der sich überwiegend positiv geäußert hatte. Darauf sollte man auch selbst unbedingt achten, wenn man sympathisch wirken möchte. Um Missverständnissen vorzubeugen: Positiv zu sprechen bedeutet keineswegs, dass man Unschönes schönredet. Wer sämtliche Probleme ausblendet und immer nur Heiteres von sich gibt, erscheint wirklichkeitsfremd und oberflächlich. Es geht nicht darum, die Realität auszublenden, sondern sie so zu vermitteln, dass bei unserem Gegenüber ein Wohlgefühl erhalten bleibt.

Das Angenehme betonen

Eine Geschichte aus dem Orient zeigt, wie günstig es sein kann, wenn man seinen Aussagen eine positive Wendung gibt, anstatt eine unangenehme Wahrheit ungefiltert mitzuteilen:

Ein Sultan träumte in einer Nacht, ihm wären sämtliche Zähne ausgefallen. Am nächsten Morgen schickte er nach einem seiner weisen Männer, der einen guten Ruf als Traumdeuter genoss. »Sage mir, was dieser Traum bedeutet«, forderte er ihn auf. »O edler Herrscher«, antwortete dieser betrübt, »Euer Traum enthält leider eine schlechte Nachricht. Alle Eure Verwandten werden sterben.« Diese Deutung passte dem Sultan gar nicht. Wütend rief er: »Geh mir aus den

Augen, Unseliger!« Er befahl, den armen Mann in den Kerker zu werfen. Daraufhin ließ er einen zweiten Weisen kommen und befragte ihn ebenfalls zu seinem Traum. »O Herr«, sagte dieser mit einem strahlenden Lächeln. »Euch ist großes Glück beschieden. Der Traum besagt, dass Ihr alle Eure Verwandten überleben werdet.« Erfreut ließ der Sultan diesen Weisen reich beschenken.

Die Fakten bleiben dieselben, aber sie lassen sich auf unterschiedliche Weise ausdrücken. Alles Negative hat irgendwo auch eine gute Seite, die wir betonen können. Mit dem Effekt, dass dieser Aspekt die Stimmung unseres Gegenübers hebt oder sie zumindest nicht beeinträchtigt. Als ich einmal einem Nachbarn im Treppenhaus begegnete, beschwerte er sich darüber, dass der Hamburger Sommer mal wieder kalt und nass war. Anstatt in sein Klagelied einzustimmen, entgegnete ich: »Aber dafür ist es gutes Arbeitswetter.« Er stutzte kurz, lächelte dann und antwortete: »Hm, eigentlich haben Sie recht.«

Unerwünschte Assoziationen vermeiden

Worte können magisch sein: Sie beeinflussen unser Gefühl und haben oft sogar physische Auswirkungen. Das können Sie überprüfen, indem Sie nacheinander die folgenden Worte lesen und sie auf sich wirken lassen:

Neid, Betrug, Streit, Einsamkeit.
Dann atmen Sie tief durch und lesen:
Liebe, Freundschaft, Fairness, Lächeln.

Gewiss merken Sie den Unterschied. Grund genug, dass man seine Worte sorgfältig auswählt, sonst kann es nämlich passieren, dass man eigentlich etwas Freundliches oder Angenehmes vermitteln möchte und dabei unabsichtlich Worte benutzt, mit denen man unterschwellig das Gegenteil erreicht. Solche Begriffe finden sich paradoxerweise in vielen Höflichkeitsfloskeln.

In Bezug auf ein Interview für eine Zeitschrift schickte mir die Redakteurin eine Mail. Am Schluss stand: »Wenn Sie noch Fragen haben, zögern Sie nicht, mich anzurufen.« Genau das Gegenteil geschah: Ich zögerte. Unser Unterbewusstsein ignoriert nämlich Verneinungen wie »nicht«, »kein«, »niemals«, »nie« und fokussiert immer auf das bedeutungsvollste Wort. So löste »zögern Sie nicht« bei mir aus: Überlegen Sie sich gut, ob Sie mich wirklich stören wollen. Günstiger wäre die Aufforderung gewesen: »Falls Sie noch Fragen haben, rufen Sie mich bitte an.«

Ähnlich verhält es sich mit einer Floskel, mit der man sein Gegenüber eigentlich entlasten möchte. Als Antwort auf eine Bitte hört man oft: »Klar, mache ich, kein Problem.« Hängen bleibt »Problem«. In dem Fall ist es sinnvoller, das Wörtchen »gerne« zu benutzen. Ein weiteres Beispiel für eine negative Interpretation ist der bescheidene Satz: »Machen Sie sich bitte keine Umstände.« Dieser bringt den Gesprächspartner überhaupt erst auf den Gedanken, dass es sich um eine Anstrengung handeln könnte. Völlig unangebracht ist es, eine Frage so einzuleiten: »Ich habe da eine ganz dumme Frage ...« Mit ein wenig Aufmerksamkeit gelingt es gewiss, negative Formulierungen zu vermeiden und stattdessen positive Assoziationen zu erzielen.

Lebendig sprechen

Eine rein sachliche Sprache ermüdet auf die Dauer, weil sie hohe Anforderungen an unser Vorstellungsvermögen stellt. Mit Sprachbildern kann man jedoch sogar staubtrockenen Fakten Farbe und Glanz verleihen. Damit erhöht man nicht nur die Aufnahmefähigkeit der Zuhörer; man gewinnt auch ihre Sympathie und wirkt charismatischer.

Bilder benutzen

Unsere Sprache enthält jede Menge Bilder. Vor allem Redewendungen sind bildgewaltig, und das können wir nutzen. Dann sagen wir nicht kühl: »Sie macht sich etwas vor«, sondern: »Sie hat die rosarote Brille auf.« Und statt sachlich zu bemerken: »Er klärt die Angelegenheit«, sagen wir: »Er macht reinen Tisch.« Redewendungen gibt es für jeden Zweck: Jemandem das Herz brechen. Ihm nicht das Wasser reichen können. Eine Mauer des Schweigens errichten. Mit den Wölfen heulen. Aus allen Wolken fallen. Sein Schäfchen ins Trockene bringen. Die Katze aus dem Sack lassen. Öl ins Feuer gießen.

Auch Eigenschaftswörter lassen sich mit einem Bild erweitern, um sie auf diese Weise noch stärker zu betonen. Dann sitzt jemand nicht nur »gerade«, sondern »kerzengerade«. Ob steinhart, blitzschnell oder glasklar: Der Satz wirkt lebendiger.

Adjektive eignen sich ebenfalls, um abstrakten Begriffen mehr Farbe zu verleihen: Eine glatte Lüge. Ein leuchtendes Vorbild. Ein krasser Gegensatz. Ein brennender Wunsch. Ein starker Abgang.

Beispiele bringen

Wenn wir mit Beispielen erklären, wie oder warum etwas funktioniert, wird unsere sachliche Information meist besser verstanden und erhält zudem eine lebendige Komponente. Dabei sollten die Beispiele möglichst aus dem Erfahrungsschatz der Zuhörer stammen und Bezug zu ihrer Lebenswelt haben. Das lässt sich mit Sätzen herstellen wie »Stellen Sie sich einmal vor ...« oder »Angenommen, Sie ...«. Beispiele können auch die eigene Meinung oder Aussage stützen und illustrieren. Dazu können wir Anekdoten oder Zitate benutzen: »Präsident Kennedy sagte in seiner Antrittsrede ...«, »Als meine Tochter noch klein war ...«

Vergleiche ziehen

Vergleiche wirken unmittelbar überzeugend, ohne dass man trockene oder umständliche Erklärungen abgeben muss. So verwende ich in meinem Vortrag über Selbstvertrauen einen bestimmten Vergleich, um zu begründen, warum ich zuerst über die Ursachen von mangelndem Selbstvertrauen spreche, anstatt sofort praktische Tipps zu geben: »Das wäre so, als ob ich beim Gärtnern das Unkraut über der Erde abschneide, anstatt es mit den Wurzeln auszureißen – das sieht dann zwar vordergründig gut aus, ist aber nicht nachhaltig.«

Geschichten erzählen

Seit Sprache existiert, haben sich die Menschen aller Kulturen Geschichten erzählt. Auf diese Weise gaben sie ihr Wissen und ihre Erfahrungen weiter, vermittelten Normen und Werte, wie es bei Heldensagen oder Märchen der Fall war. Geschichtenerzähler waren immer beliebt und anerkannt. Inzwischen hat vor allem die Wirtschaft die Bedeutung des Geschichtenerzählens neu entdeckt. Zu Marken oder Persönlichkeiten entwickelt man eine Geschichte, um auf diese Weise Kunden oder Fans emotional anzusprechen. So hält sich hartnäckig der Mythos, Coca-Cola habe vor hundert Jahren im Zuge einer Werbekampagne die Figur des Weihnachtsmanns mit Rauschebart und rotem Mantel erfunden – was die Marke wohl besonders sympathisch machen soll. Natürlich hat man der uralten Technik des Geschichtenerzählens auch einen modernen Namen verpasst: Storytelling. Man nutzt die von der Hirnforschung belegte Tatsache, dass man Informationen, die mit Emotionen einhergehen, besonders lange behält. Das gilt nicht nur für ausgefeilte Werbestorys; auch kleine, persönliche Geschichten führen dazu, dass die betroffene Person mehr Profil bekommt und man sich gut an sie erinnert. Inhaltlich kann das im Prinzip alles sein, was man erlebt hat. Allerdings gibt es hierzu entsprechende Regeln:

- Die Geschichte muss zur Situation passen. Beim Mittagessen ausführlich von einer Zahnbehandlung zu berichten ist nicht zu empfehlen.
- Wenn die Zuhörer keine engen Freunde oder Verwandte sind, darf die Geschichte nicht zu intim sein.
- Die Geschichte sollte möglich ein Fazit haben, damit sie für den Zuhörer einen Nutzwert enthält. So kann man zum Beispiel erzählen, wie man im Urlaub in der Bretagne kein Hotelzimmer mehr bekommen hat, weil ab dem 14. Juli alle Franzosen ebenfalls verreist waren und man am Ende auf dem Campingplatz landete. Fazit: In der Hochsaison immer vorbuchen.

- Für alle Geschichten gilt, dass in der Kürze die Würze liegt. Wer sie in epischer Breite auswalzt, langweilt.

Behutsam kritisieren

Niemand kommt sich gerne unzulänglich vor. Doch genau dieses Gefühl löst man mit Kritik aus. Egal, wie sinnvoll sie sachlich gesehen auch sein mag: Im Prinzip ist sie ein Sympathie-Killer par excellence. Deshalb muss man sich gut überlegen, ob man sie anwenden will. Falls es sich nicht vermeiden lässt, sollte man zumindest wissen, wie man sie trotz notwendiger Klarheit diplomatisch verpackt.

Unerbetene Kritik vermeiden

Kritik, um die wir nicht gebeten wurden, unterlassen wir lieber. Ohnehin beruht sie meist auf einer subjektiven Meinung, und die muss nicht unbedingt hinausposaunt werden. Schließlich besteht keine Notwendigkeit, einer Freundin, die glücklich über ihr neues Kleid ist und sich darin schön findet, mitzuteilen, dass ihr die Farbe Grün nicht wirklich steht. Oder dem Kollegen, der froh ist, dass er trotz Lampenfieber die Präsentation bewältigt hat, nahezulegen: »Du solltest mal einen Rhetorikkurs machen, um deine Performance zu optimieren.« Auch wenn man es gut meint: Selten erntet man damit große Dankbarkeit, sondern eher Frustration.

Mit Lügen schonen

Selbst wenn jemand unsere Meinung hören will, ist es nicht immer angebracht, sie ihm auch ehrlich mitzuteilen. Vor allem dann nicht, wenn sich durch eine Kritik nichts ändern lässt. White lies, weiße Lügen, nennt man es, falls man nicht die (volle) Wahrheit sagt, um das Gegenüber vor einer Kränkung zu schützen.

Etwas anderes ist es, wenn jemand um ehrliche Kritik bittet, um etwas an sich zu verbessern. Dann ist es ein Gebot der Fairness, ihm behutsam, aber ehrlich Rückmeldung zu geben.

Mit der Sandwich-Methode puffern

Manchmal kommt man nicht umhin, Kritik zu äußern. Sei es, weil jemand auf unsere Meinung Wert legt oder weil es notwendig ist. Etwa wenn man als Vorgesetzter zum Wohl der Firma einen Mitarbeiter zurechtweisen muss oder eine Freundin sich mit ihrem unprofessionellen Outfit berufliche Chancen verbaut. Dann empfiehlt sich die »Sandwich«-Methode. Ein Sandwich besteht bekanntlich aus einer Brotscheibe, dem Belag und einer weiteren Brotscheibe als Deckel. Nach dem gleichen Prinzip verpackt man die Kritik: ein positiver Satz als Grundlage, dann folgt, was man zu bemängeln hat, und schließlich endet man wieder mit einem positiven Satz. So schmeckt die Kritik in jedem Fall besser. Das kann dann so klingen: »Herr Morbach, ich kenne Sie als zuverlässigen Mitarbeiter. Doch es ist ebenso wichtig, dass Sie höflich zu unseren Kunden sind und sie nicht als ›Ignoranten‹ beschimpfen. Ich bin sicher, das nächste Mal werden Sie darauf achten.« Oder: »Lilly, du bist eine großartige Teamleiterin. Aber in Glitzerpulli und Minirock wirkst du weniger kompetent. Mit einem seriöseren Outfit kommst du gewiss ganz toll an.«

Den anderen das Gesicht wahren lassen

Auf einer Reise durch Indien passierte es meinem Mann und mir anfangs häufig, dass wir jemanden nach dem Weg fragen und anschließend feststellen mussten, dass man uns in die falsche Richtung geschickt hatte. Zunächst glaubten wir an einen Scherz oder eine böse Absicht. Bis wir verstanden, dass diejenigen, die wir fragten, ihr Unwissen nicht zugeben wollten. Mit der falschen Auskunft wahrten sie ihr Gesicht.

Das Gesicht zu wahren spielt auch in unserem Kulturkreis eine große Rolle. Man sollte niemals jemanden vor Zeugen maßregeln oder ihm einen Fehler nachweisen. Wenn es sein muss, dann nur unter vier Augen. Und man sollte nie die Person kritisieren, sondern nur ihr fehlerhaftes Verhalten. Also nicht: »Wie konnten Sie nur so blöd sein …«, sondern: »Es war unklug …«

Die drei Kernkompetenzen von Charisma

Was wir uns bis hierher angeeignet haben, gibt uns ein solides Fundament, auf dem sich nun das Herzstück charismatischer Wirkung besonders gut entfalten kann: Autorität, Wärme und Interesse. Als Kernkompetenzen bezeichne ich sie, weil diese drei Eigenschaften in wissenschaftlichen Studien übereinstimmend als unverzichtbar genannt werden (»Interesse« wird oft auch als »Präsenz« bezeichnet). Im Idealfall sind alle drei gleichermaßen vorhanden. In der Praxis zeigt sich jedoch, dass je nach Persönlichkeit Schwerpunkte gesetzt werden; Experten sprechen deshalb auch von »Charisma-Stilen«. Der Dalai Lama oder Papst Franziskus etwa legen ihren Fokus auf Wärme, verbunden mit liebender Güte. Fußballtrainer Joachim Löw oder die IWF-Chefin Christine Lagarde halten sich vor allem mit dem Charisma der Autorität an der Spitze. Ex-Präsident Bill Clinton oder die Theologin Margot Käßmann sind bekannt für ihr Interesse und ihre Präsenz im Umgang mit anderen Menschen. Trotzdem – keine der drei Kerneigenschaften sollte nur für sich stehen: Wärme allein könnte zu weichherzig machen, bloße Autorität wäre diktatorisch, und bei ständigem Interesse an anderen würde man sich selbst aus den Augen verlieren. Daher ist es wichtig, alle drei zu kultivieren, auch wenn sich dabei eine Vorliebe herauskristallisiert.

Jede dieser Kardinaleigenschaften hat ihre spezifische Erscheinungsform. Das kann sich in innerer Haltung, Körpersprache oder verbaler Kommunikation bemerkbar machen. Deshalb folgt dazu hier noch einmal eine Anleitung, aber diesmal unter dem Aspekt der jeweiligen Kernkompetenz.

Autorität

Ich habe diese Kernkompetenz an die erste Stelle gesetzt, weil Charisma am häufigsten mit einer Demonstration von Macht und Einfluss verbunden wird. Dass gerade diese Eigenschaften so intensiv auf uns wirken, hängt mit unserer menschlichen Entwicklungsgeschichte zusammen. Als unsere Vorfahren noch in Horden durch die Wildnis zogen, war es für sie überlebenswichtig, einen Anführer eindeutig identifizieren zu können, damit sie schnell erfassten, wer sie beschützen oder ihnen schaden konnte. Daran hat sich bis heute nicht viel geändert: Noch immer taxieren wir bewusst oder unbewusst, welchen Status unser Gegenüber hat. Anhand der Körpersprache, dem Territorialverhalten, der Sprechform und den Statussymbolen kann man eine charismatische Autorität erkennen. Wollen wir selbst Autorität ausstrahlen, kommen wir nicht umhin, die dazugehörigen Codes zu übernehmen.

Mit Körpersprache Autorität vermitteln

Wie wir mit unserer Körpersprache Sympathie wecken können, ist uns ja bereits bekannt. Die Körpersprache der Autorität stellt jedoch noch eine spezielle Variante dar. In dem Zusammenhang möchte ich Ihnen zuerst eine Frage stellen: Wenn Sie auf einem belebten Fußweg gehen, weichen Ihnen die Entgegenkommenden aus, oder gehen Sie zur Seite? Beides geschieht nicht von ungefähr. Die Antwort weist darauf hin, ob man mit seiner Körpersprache Autorität ausstrahlt oder nicht. Dazu möchte ich allen, die gewohnheitsmäßig anderen ausweichen, folgendes interessantes Experiment zur Nachahmung empfehlen: Stellen Sie sich vor, Sie wären ein gefährlich aussehender Gorilla. Schon durch die bloße Vorstellung wird sich Ihre Körpersprache ändern. Ich habe es selbst ausprobiert: Kaum hatte ich mich auf der Straße innerlich in einen Riesenaffen verwandelt, wichen mir die Passanten geflissentlich aus. Für mich ist das ein Beweis dafür, wie intensiv sich Autorität über unsere Körpersprache mitteilt. Die anderen nehmen intuitiv auf, mit wem sie es zu tun haben, und reagieren entsprechend.

Blickkontakt halten

Ein offener, gerader Blick steht in unserem Kulturkreis für Selbstsicherheit und Ehrlichkeit. Deshalb ist es wichtig, Augenkontakt zu halten. Das bedeutet jedoch nicht, dass man sein Gegenüber ununterbrochen anstarren muss. Im Gegenteil, das würde sogar bedrohlich wirken. Untersuchungen haben ergeben, dass es völlig ausreicht, innerhalb eines Gespräches zu 75 Prozent Blickkontakt zu halten. Man darf also zwischendurch immer mal wieder woandershin schauen. Allerdings sollte man dabei auf die Richtung achten; den Blick zu senken kann nämlich als Unsicherheit oder Unterlegenheit interpretiert werden. Am besten bleibt man auf Augenhöhe oder schaut nachdenklich zur Decke. Wem ein direkter Blick schwerfällt, der kann einen Fernseh-Trick benutzen: Die meisten TV-Moderatorinnen lesen ihren Text vom Teleprompter ab. Trotzdem hat man beim Zuschauen den Eindruck, man würde direkt angesehen. Den gleichen Effekt erzielt man, wenn man seinem Gegenüber zwischen die Augen auf die Nasenwurzel schaut.

Haltung zeigen

In interaktiven Vorträgen zum Thema Charisma schlage ich eine Übung vor: Ich bitte das Publikum, den Rücken rund zu machen, den Kopf zu senken, die Arme zu verschränken und in dieser Haltung laut zu sagen: »Ich bin selbstsicher und habe Ausstrahlung.« Zu hören ist ein unverständliches Gemurmel. Dann folgt der zweite Teil: Alle setzen sich aufrecht hin, mit lockeren Armen und erhobenen Hauptes. Nun klingt derselbe Satz ganz anders und hört sich überzeugend an.

Die Bedeutung einer guten Haltung spiegelt sich sogar in unserer Sprache wider – nämlich wenn jemand einen »aufrechten Charakter« besitzt. Einleuchtend, dass eine gerade Haltung eine Grundvoraussetzung für eine autoritäre Ausstrahlung ist; dabei spielt nicht nur die Wirbelsäule eine Rolle, sondern auch der Kopf. Besonders Frauen legen beim Zuhören und Sprechen häufig den Kopf schräg. Das ist eine wunderbare Haltung, um beim Gesprächspartner Entspannung und Wohlwollen auszulösen, aber Gift für die eigene Autorität. Neigt man den Kopf zur Seite, weicht man optisch einer Konfrontation aus und appelliert an die Freundlichkeit des Gegenübers. Dahinter steckt übrigens unser animalisches Erbe. Ein Wolf, der seine Unterlegenheit zeigen will, hält seinem Angreifer die Kehle hin. Ähnlich wie im Wolfsrudel signalisieren wir mit unserer schrägen Kopfhaltung: »Du könntest mich verletzen, wirst es aber nicht tun, weil ich mich unterwerfe.« Wer überzeugen möchte, sollte den Nacken gerade halten. Auf diese Weise vermitteln wir nonverbal: »Ich stehe zu meinen Worten.«

Souveräne Gesten machen

Während die Haltung eher statisch ist, drücken wir mit Gesten spontane Gefühle aus. Je sicherer wir sie ausführen, desto überzeugender wirken wir. Großzügige, fließende Bewegungen kommen besser an als kurze, ruckartige, die oft marionettenhaft wirken. Günstig ist es auch, möglichst die Handflächen zu zeigen, etwa wenn man jemanden bittet, Platz zu nehmen, oder ihn willkommen heißt. Zur Zeit der Säbelzahntiger war die freie Handfläche ein Zeichen dafür, dass der Mensch unbewaffnet war. Bis heute symbolisiert sie Offenheit und Souveränität.

Bewegungen, die von oben nach unten verlaufen, sind ein Zeichen von Selbstbewusstsein und einem höheren Rang. Dazu zählt, dass man mit den Händen eine beschwichtigende Bewegung macht oder jemandem die Hand auf den Arm oder die Schulter legt, um zu signalisieren: »Ganz ruhig …« Politiker und Wirtschaftsbosse setzen diese Technik gezielt ein, um ihre Macht zu demonstrieren. Inzwischen haben auch hochrangige Politikerinnen diese Gesten adaptiert.

Sich Raum nehmen

Wenn wir selbstbewusste Gesten machen, fühlen wir uns entsprechend stärker. Amy Cuddy, Sozialpsychologin an der Harvard Business School, nennt das »Power Posing«. Dabei handelt es sich um Bewegungen, mit denen man sich Raum nimmt, etwa mit ausgebreiteten Ellenbogen die Hände hinter dem Kopf verschränken, die Hände in die Hüften stemmen, die Arme ausbreiten oder in die Höhe strecken. Cuddy konnte nachweisen, dass sich solche selbstbewussten Gesten unmittelbar auf die Körperchemie auswirken. Innerhalb von Minuten senken sie das Stresshormon Cortisol und erhöhen den Anteil an Testosteron. Diese Veränderung im Hormonhaushalt macht dann tatsächlich selbstsicherer. Das heißt: »Power Posing« hilft, sich jederzeit in einen selbstbewussten Zustand zu versetzen.

Sich im Stehen und im Sitzen Raum zu nehmen ist ein wichtiger Faktor, um über die Körpersprache Autorität auszustrahlen. Eng geschlossene Beine und an den Oberkörper gedrückte Ellenbogen wirken ängstlich und gehemmt. Auch diese Haltungen sind besonders typisch für Frauen. Sie neigen aufgrund ihrer weiblichen Sozialisation dazu, sich physisch zurückzunehmen. »Eine Dame sitzt nicht wie ein Pferdekutscher«, pflegte meine Großmutter zu sagen, die viel Wert auf gutes Benehmen und Etikette legte. Bis heute hat sich davon einiges gehalten. Frauen machen sich schmal, Männer dagegen breiten sich meist umstandslos aus. Ergiebiges Anschauungsmaterial dafür bieten zum Beispiel öffentliche Verkehrsmittel. In der U-Bahn mir gegenüber saß ein Mann breitbeinig auf seinem Sitz und entfaltete zusätzlich eine Tageszeitung, während der weibliche Fahrgast neben ihm eingeengt dasaß –

ohne ein Wort zu sagen. Männern braucht man in puncto Raumeinnehmen selten Tipps zu geben, Frauen dagegen können gut etwas Nachhilfe gebrauchen. Samy Molcho sagt zu Recht: »Ich will den Begriff ›damenhaft‹ nicht herabsetzen, aber mit meiner Vorstellung von Führung hat er nichts zu tun.«

Sicher geht es nicht darum, das männliche Verhalten eins zu eins zu übernehmen, um Autorität auszustrahlen. Dennoch lohnt es sich, von den Männern einiges abzuschauen:

- Im Stehen einen festen, hüftbreiten Stand einnehmen. Das ist auch eine Frage des Schuhwerks. Mit Ballerinas gelingt es eher als auf zehn Zentimeter hohen High Heels.
- Die Arme beweglich halten, anstatt sie eng an den Körper zu pressen. So kann man seine Worte souverän mit Gesten unterstreichen.
- Beim Sitzen nicht vorne auf der Stuhlkante balancieren, als wolle man gleich flüchten, sondern die Fläche voll einnehmen.
- Vorhandene Armlehnen benutzen, statt die Hände auf den Schoß zu legen.

Autorität vermittelt man auch durch die Art und Weise, wie man sich durch den Raum bewegt, vor allem wenn man sich nicht auf eigenem Territorium befindet. Egal, ob man ein Büro oder eine Privatwohnung betritt: Natürlich darf man nicht einfach in ein fremdes Zimmer stürmen. Das wirkt eher schlecht erzogen als selbstsicher und erzeugt Unwillen. Die Höflichkeit gebietet es, kurz am Eingang zu warten. Doch wenn man hereingebeten wird, dann sollte man nicht im Türrahmen verharren, sondern auf die Person zugehen, die einen begrüßt. Längeres Zögern wirkt ängstlich und devot.

Bei gesellschaftlichen Ereignissen wie einer Party oder einem Empfang wirkt es souverän, wenn man sich vorwiegend in der Mitte des Raumes bewegt, anstatt sich scheu in eine Ecke zu drücken. Vermeiden sollte man auch, sich im Stehen an die Wand zu lehnen. Das wirkt müde und unsicher.

Das Revier abstecken

Nicht nur Tiere verteidigen ihr Revier, sondern auch Menschen. Darunter versteht man die Zone, die man als seinen persönlichen Raum beansprucht. Sie kann dauerhaft festgelegt sein, wie die Wohnung oder das Büro. Man kann sie aber auch temporär bestimmen, zum Beispiel im Restaurant oder am Konferenztisch bei einem Meeting. Dazu legt man eine unsichtbare Trennlinie in angemessener Entfernung um sich selbst fest, die man meist mit persönlichen Gegenständen markiert. Wird diese Grenze ohne Beschwichtigungsritual verletzt (»Verzeihen Sie, macht es Ihnen etwas aus, wenn ich mich dazusetze?«, »Darf ich meine Mappe kurz bei Ihnen ablegen?«), fühlt man sich bedrängt. Gegebenenfalls wehrt man sich gegen den Eindringling. Während meines Psychologiestudiums führten wir dazu ein interessantes Experiment durch: Eine von uns nahm, von den anderen heimlich beobachtet, in der Mensa an einem Tisch Platz, an dem schon jemand saß. Derjenige hatte natürlich keine Ahnung, dass er als Versuchskaninchen diente. Wie unabsichtlich schob man dann die eigene Kaffeetasse oder den Salzstreuer in das imaginäre Revier des Gegenübers. Es dauerte nicht lange, dann kam das Requisit genauso beiläufig zurück: Das Gegenüber verteidigte sein Territorium. Wir amüsierten uns damals über die Reaktion, die wir fast automatisch hervorrufen konnten. Tatsächlich steckt dahinter eine durchaus ernst zu nehmende Verhaltensweise; Revierverletzungen sind nämlich nicht harmlos. Wenn man seine Autorität wahren will, darf man solche »Angriffe« auf keinen Fall dulden, selbst dann nicht, wenn es sich scheinbar um eine unüberlegte Nachlässigkeit handelt. Sich damit zu beschwichtigen, das sei bestimmt nicht böse gemeint, wäre unklug. Was nämlich so harmlos erscheint, kann in Wahrheit ein Versuch sein, unsere Autorität zu untergraben. Der Protagonistin der folgenden Geschichte war das offenbar bewusst:

Eine neu eingestellte weibliche Führungskraft fuhr an ihrem ersten Arbeitstag morgens mit ihrem Auto auf das Firmengelände und fand den für sie vor dem Gebäude reservierten und schon mit ihrem Namen gekennzeichneten Parkplatz besetzt. Jemand anderes hatte seinen Wagen dort abgestellt. Anstatt sich jetzt zu sagen: »Ist doch nicht so wichtig; dann stelle ich mein Auto halt daneben. Schließlich will ich nicht gleich zum Start als zickig gelten«, reagierte die Dame anders. Sie ging stracks zum Portier und ordnete an, den anderen Wagen umgehend abschleppen zu lassen. Das sprach sich schnell herum. Das Signal kam an. Sie hatte anschließend keine Probleme, als Autorität anerkannt zu werden.

Nonverbale Revierverteidigung

Dringt jemand in das Revier anderer ein, ist es nicht in jedem Fall nötig und auch nicht immer klug, sich verbal dagegen zu wehren. Das kann leicht lächerlich wirken, etwa wenn der Tischnachbar in dem kleinen Mensa-Experiment erbost gesagt hätte: »Bitte nimm sofort deine Kaffeetasse weg.« Am besten reagiert man auf der Ebene, auf der man uns beeinträchtigt, und wehrt sich nonverbal. Der Freiburger Unternehmensberater Peter Modler nennt hierzu ein Beispiel aus seinen Trainings: Bettina, Programmiererin, arbeitet in einer Software-Firma. Bettinas Kollege Mike ist erst seit kurzem in der Firma, ein allseits beliebter Sonnyboy. Er schaut öfter bei ihr im Büro herein und plaudert nett. Immer hat er etwas dabei, das er dann auf ihrem Schreibtisch ablegt, mal eine Wasserflasche, mal Unterlagen. Bettina ist das unangenehm, ohne dass sie zunächst sagen könnte, warum. Des Rätsels Lösung: Mike startet bei jedem seiner scheinbar freundlichen Besuche in ihrem Büro einen kleinen territorialen Angriff, indem er Gegenstände auf einer Fläche deponiert, die zu ihrem Revier gehört. Für die Aufforderung »Nimm sofort deine Sachen da runter« würde Bettina sicher einen höchst erstaunten Blick von Mike ernten. Am Ende schätzt man sie im Kollegenkreis noch als sonderbar ein. Also reagiert sie auf der Ebene, auf der sie angegriffen wird. Als Mike beim nächsten Mal wieder munter plaudernd seine Sachen auf ihrem Tisch ablegt, hört sie ihm lächelnd zu, nimmt dabei aber beiläufig jeden einzelnen seiner Gegenstände sofort in die Hand und stellt sie auf den Boden oder legt sie auf einem Stuhl ab. Am freundlichen Ton des Gesprächs ändert sich nichts, nur hat Mike es diesmal sehr eilig, aus dem Büro zu kommen. Er hat Bettinas territoriale Botschaft genau verstanden. Sie hat ihm demonstriert, wer hier das Heft in der Hand hat.

Die Sprechweise der Autorität einsetzen

Was wir sagen, sollte natürlich Hand und Fuß haben. Doch bei der Vermittlung von Autorität geht es weniger um den Inhalt als um die Form. Wenn man über die Art zu sprechen Autorität zeigen will, verlangt das vor allem nach zwei grundlegenden Eigenschaften: Selbstsicherheit und Bestimmtheit.

Selbstsicher sprechen

Stellen Sie sich einen Arzt vor, der zu seinem Patienten sagt: »Also, na ja, das Medikament ist schon ziemlich wirkungsvoll. Ich meine, Sie könnten es ruhig ausprobieren.« Oder eine Managerin, die sich im Meeting zu Wort meldet: »Wie wäre es denn, wenn wir vielleicht mal versuchen würden, das neue Produkt online zu vermarkten?« Wesentlich entschiedener klingt es so: »Dieses Medikament ist sehr wirkungsvoll. Ich werde es Ihnen verschreiben, und Sie sagen mir dann, wie Sie es vertragen haben.« Und: »Wir sollten das neue Produkt online vermarkten und prüfen, ob es funktioniert.« Schon kleine Nuancen machen den Unterschied zwischen Sicherheit und Unsicherheit aus:

- Die Gegenwartsform statt der Möglichkeitsform benutzen. »Ich möchte …« statt »Ich würde gerne …«.
- Aussagen anstelle von Fragen formulieren. »Ich schlage vor, dass wir …« statt »Sollten wir nicht lieber …?«.
- Auf unnötige Einleitungen verzichten wie »Wenn ich es mal so sagen darf …« oder »Dazu möchte ich einwenden, dass …«. Es ist besser, gleich zur Sache zu kommen.

Langsam sprechen

Auch das Sprechtempo spielt im Zusammenhang mit Autorität eine Rolle. Eine Untersuchung von charismatischen Führungspersönlichkeiten hat ergeben, dass sie meist langsam und bedeutungsvoll sprechen. Das leuchtet ein, handelt es sich dabei doch um ein verbales Sich-Raum-Nehmen. Hastiges Sprechen dagegen wirkt bemüht, so als müsse man sich beeilen, weil einem sonst keiner zuhört.

Den Gesprächsverlauf bestimmen

Wer Autorität hat, übernimmt die Führung in der Unterhaltung. Das heißt: Man schneidet neue Themen an, die einen interessieren. Man stellt Fragen nach der bekannten Regel: »Wer fragt, führt.« In größerer Runde – beruflich oder privat – sorgt man für eine Struktur im Gespräch wie: »Okay, Leute, wir haben beschlossen, ein Picknick zu machen. Lasst uns klären, wer was mitbringt.« Oder: »Wir kommen jetzt vom Thema ab. Unser Ausgangspunkt war die Verbesserung der Verpackung.«

Natürlich darf man dabei nicht zu dominant wirken, denn dann kann man Ablehnung provozieren; schließlich lässt sich niemand gerne bevormunden. Doch in angemessener Dosis wird es gerne als »Leadership« angenommen.

Statussymbole nutzen

Statussymbole sind zweifellos ein heikles Thema. Ich kann gut verstehen, wenn viele das als Angeberei ablehnen und lieber darauf verzichten. Aber es hilft nichts, Statussymbole gelten nun mal als Insignien der Macht und des Einflusses.

Sie selbst nicht zu nutzen macht es uns wesentlich schwerer, Autorität zu vermitteln. Deshalb möchte ich an dieser Stelle vor zu großer Bescheidenheit warnen. So eitel und oberflächlich das auch klingen mag: Unter dem Aspekt der Autorität kann man in puncto Charisma nicht darauf verzichten.

Speziell, selten, exklusiv, teuer: Mindestens eines dieser Merkmale muss erfüllt sein, damit man von einem Statussymbol sprechen kann. Der gewünschte Effekt ist immer derselbe: Mit Statussymbolen kann man beeindrucken und damit die eigene Position erhöhen. Man zeigt ohne Worte: Das ist meine Liga.

Was in dieser Hinsicht am stärksten wirkt, hängt von der sozialen Gruppe ab, in der man sich bewegt. Sie gibt vor, womit wir beeindrucken können. Diese Dinge können sich auf materielle Luxusgüter beziehen wie eine Armbanduhr-Spezialanfertigung oder auf immaterielle Privilegien wie sich die Arbeitszeit frei einteilen zu können. Auch Exklusivität spiegelt einen gewissen Status wider, wenn man etwa Mitglied in einem Club ist, in den man nur durch persönliche Vermittlung kommt.

Klassische Statussymbole sind Immobilien, vom geräumigen Büro mit Panoramaglasfenstern bis zum Domizil im angesagten Stadtviertel. Beim Ambiente zählen Details wie ein Flügel oder Kunstgegenstände. In lässiger Version ist es die Altbauwohnung, das Motorrad, das Wohnmobil. Es geht sogar noch ein bisschen raffinierter: Nur das eigene soziale Umfeld kann den Wert von dem einschätzen, das man besitzt oder nutzt, weil es sich damit auskennt. Etwa wenn bei dem Germanistik-Professor eine unscheinbare, aber äußerst wertvolle Erstausgabe eines bestimmten Buches auf dem Couchtisch liegt.

Das genaue Gegenteil von Aufwendigem kann ebenfalls ein Statussymbol sein: bescheidenes Auftreten oder Anspruchslosigkeit. Meist ist es verbunden mit einer Mission der jeweiligen Autorität. Mahatma Gandhi trug nicht etwa indische Prachtgewänder, sondern schlang sich ein Dhoti, ein einfaches, traditionelles Tuch aus Indien, um die Hüften. Und Papst Franziskus lässt sich in einem gebrauchten Ford kutschieren, anstatt die ihm zustehende Limousine zu nutzen. Dieses Verhalten setzt aber einen gewissen sozialen Status voraus; weniger prominente Menschen tun gut daran, offensichtliche Statussymbole zu verwenden. Jedoch sollte man es nicht übertreiben. Eine gewisse Lässigkeit und Selbstverständlichkeit im Umgang ist angebracht, sonst wirkt es einfach nur protzig.

Autorität gewinnt Vertrauen

Was erreichen wir am Ende mit selbstsicherer Körpersprache, optimaler Raumforderung, überzeugender Sprechweise und passenden Statussymbolen? Die Antwort ist kurz und knapp: Vertrauen. Wir bewirken, dass andere Menschen an uns glauben. Dass sie uns folgen und das unterstützen, was uns am Herzen liegt. Deshalb ist es wichtig, dass unsere Motive lauter sind. Es darf uns nicht nur darum gehen, unser Ego zu stärken oder gar andere zu verführen. Letztlich sollte eine charismatische Autorität immer einem guten Ziel und Zweck verpflichtet sein. Eine Ärztin oder ein Arzt brauchen sie, um Patienten von einer wirkungsvollen Behandlung zu überzeugen. Coachs brauchen sie, damit ihre Klienten sich trauen, neue Wege einzuschlagen. Eltern und Lehrkräfte brauchen sie, um Kinder positiv zu beeinflussen. Überall dort, wo es wichtig ist, ein Vorbild zu sein, Mut zu machen, anzuleiten, in Krisen beizustehen oder Wissen zu vermitteln, ist charismatische Autorität gefragt. Es ist eine Macht, die man verantwortungsvoll einsetzen sollte.

Wärme

Wenn ich mir von den drei Haupteigenschaften des Charismas eine einzige aussuchen müsste, würde ich Wärme wählen. Es gibt kaum etwas Anziehenderes als einen Menschen, der Wärme und Wohlwollen ausstrahlt. Bei ihm fühlt man sich sofort zu Hause; er vermittelt Geborgenheit. Aggressive werden in seiner Gegenwart friedlicher, Verschlossene wagen es, sich zu öffnen. Begegnet man jemandem, der Wärme ausstrahlt, wirkt das noch lange positiv nach.

Ich hatte das Glück, als Teilnehmerin einer Podiumsdiskussion der Stiftung »Live to love« den Gyalwang Drukpa, das Oberhaupt der tausend Jahre alten tibetisch-buddhistischen Drukpa-Linie, kennenzulernen. Vor einigen Jahren hat er die nichtkonfessionelle internationale humanitäre Organisation ins Leben gerufen und besuchte nun die deutsche Niederlassung in Hamburg. Was mir bei der Begrüßung als Erstes auffiel, waren seine Augen; sie strahlten eine unglaubliche Wärme aus. Diese Ausstrahlung kommt nicht von ungefähr, denn im Buddhismus ist »liebende Güte« (Pali: »Mettā«) ein zentraler Wert und wird regelmäßig in Meditationen geübt. Meister dieser Eigenschaft – wie der Drukpa – begegnen jedem mit Wohlwollen und vollkommener Akzeptanz. Ein Ziel, das sich anzustreben lohnt, auch wenn man es nicht auf einem Meditationskissen praktiziert. Dabei stellt sich die Frage, wo eigentlich diese Wärme entsteht, die sich in den Augen, in Berührungen, in Worten und in der Stimme widerspiegelt. Der Begriff »Warmherzigkeit« zeugt davon.

Güte zeigen

Das Herz gilt allgemein als Symbol der Liebe, auch im weiteren Sinn von »Ich liebe etwas«. Dabei stellt sich die Frage, ob das Herz tatsächlich etwas mit Liebe zu tun hat. Sicher ist jedenfalls, dass dieses Organ ein gewisses Eigenleben führt. Neurowissenschaftler haben festgestellt, dass es ein Nervensystem mit mindestens 40 000 Zellen besitzt. Zwischen Herz und Gehirn gibt es nachweislich eine direkte, elektrochemische Kommunikation. So lösen etwa bei Lampenfieber ängstliche Gedanken einen heftigen Herzschlag aus. Lange Zeit nahm man an, dass die Impulse allein vom Gehirn ausgingen. In den 1970er-Jahren entdeckten Wissenschaftler, dass das Herz keineswegs automatisch reagiert, wenn ihm das Gehirn via Nervensystem Anordnungen schickt. Stattdessen verhält es sich, als hätte es seine eigene Logik. Und offenbar sendet das Herz seinerseits Botschaften an das Gehirn, die von den grauen Zellen dann entschlüsselt und verarbeitet werden. Damals diskutierte man die Entdeckung, dass der Dialog auch vom Herzen begonnen werden kann, noch sehr kontrovers. Die Wissenschaftler sind dieser Hypothese mit neuen Forschungen weiterhin auf der Spur, und sie scheint sich zu bestätigen. Der Neurokardiologe Andrew Armour von der Universität in Montreal hat dazu als Erster den Begriff

»Heartbrain«, Herzgehirn, benutzt. Er ist davon überzeugt, dass das Herz ein komplexes System ist, das auch unabhängig vom Gehirn funktioniert. Es lernt, erinnert, fühlt und nimmt wahr. Das wäre zweifellos eine revolutionäre Erkenntnis: Das Herz besitzt eine eigene, unabhängige Intelligenz. Aber eigentlich vertrat bereits der französische Philosoph Blaise Pascal diese These: »Das Herz hat seine Gründe, die der Verstand nicht kennt.« Von daher lohnt es sich, ihm auch mit Blick auf das Charisma Aufmerksamkeit zu schenken.

Auf das Herz hören

Wenn wir mehr Wärme entwickeln möchten, sollten wir uns häufiger von unserem Herzen leiten lassen und hinhören, wenn es zu uns spricht.

So hat es Marion, 47, Dolmetscherin, erlebt, als sie mit ihrem Mann in Portugal Urlaub machte. Eigentlich hatte sie nicht fahren wollen, denn ihre Mutter war an Krebs erkrankt. Aber sowohl die Mutter wie auch die Ärzte hatten Marion grünes Licht für die Reise gegeben. Trotzdem rief Marion während ihrer Abwesenheit regelmäßig zu Hause an, um sich nach dem Zustand ihrer Mutter zu erkundigen. Einmal hatte sie ihre Schwester Sonja am Apparat. »Mama geht es wahnsinnig schlecht«, klagte sie. »Du musst sofort nach Hause kommen.« Marion fühlte sich hin- und hergerissen. Sie wusste, dass ihre Schwester zu Übertreibungen neigte und gern dramatisierte. Und ihre Mutter würde ihr am Telefon bestimmt nicht sagen, wie es ihr wirklich ging. Sollte sie den Urlaub, den sie so dringend nötig hatte, tatsächlich abbrechen? Marion ging an den Strand und überlegte, was sie tun sollte. Ihr Verstand sagte ihr: »Überstürze nichts. Warte erst mal ab. Auf die paar Tage kommt es doch sicher nicht an.«

Plötzlich hörte sie ihr Herz sprechen. Es sagte: »Ja, es kann sein, dass du deinen Urlaub umsonst abbrichst, weil Sonja mal wieder übertrieben hat. Aber wenn deine Liebsten dich brauchen, dann solltest du da sein.« Marion entschloss sich, noch am gleichen Tag zurückzufliegen, egal, wie ernst sich die Lage am Ende herausstellen würde. Im Nachhinein war sie dankbar, dass sie auf ihr Herz gehört hatte; andernfalls hätte sie ihre Mutter nicht mehr lebend wiedergesehen. Sie starb am Tag nach Marions Rückkehr.

Unser Herz meldet sich durchaus zu Wort: Meist argumentiert es gegen unseren sachlichen, egoistischen Verstand. Deshalb kommen wir uns oft dumm vor, wenn wir ihm folgen. Es scheint, als ließen wir uns ausnutzen, hätten keinen Stolz oder würden gegen unsere eigenen Interessen handeln. Dabei vermittelt uns das Herz nur, worauf es spezialisiert ist: den Gefühlen zu folgen. Wie wunderbar wäre es, wenn wir uns öfter danach richten würden.

Von den Sufis, islamischen Mystikern, stammt eine besondere Übung, mit der man seinem Herzen das Wort geben kann: Man schließt die Augen und neigt das linke Ohr zum Herzen. Dann stellt man die Frage, die einen bewegt, und wartet, welche Antwort vom Herzen aufsteigt. Das einmal auszuprobieren lohnt sich, vielleicht sogar mit der Frage: Wie kann ich warmherziger werden?

Mitgefühl zeigen

Wärme äußert sich vor allem in Form von Mitgefühl. Wahrscheinlich nehmen wir sie in diesem Bereich aber auch nur besonders wahr, weil wir sie da am nötigsten haben. Es tut gut, wenn uns jemand versteht, tröstet und in die Arme nimmt. Die Fähigkeit, Mitgefühl zu zeigen, ist angeboren. Inzwischen weiß man dank der Neurowissenschaften, warum wir wahrnehmen, wenn andere Menschen leiden. Einen wichtigen Anteil an dem informellen Austausch haben die Spiegelneuronen. Sie sorgen dafür, dass wir Gefühle identifizieren, indem wir sie selbst empfinden. Der Wissenschaftsjournalist Daniel Goleman drückt es poetisch aus: »Indem die Spiegelneuronen eine Brücke zwischen individuellen Gehirnen schlagen, erschaffen sie ein lautloses Duett, das ebenso subtile wie wirkungsvolle Austauschprozesse ermöglicht.« Dank des hervorragend funktionierenden Verarbeitungssystems im Gehirn entschlüsseln wir, wie sich unser Gegenüber fühlt. Das gilt auch für Emotionen, die unser Mitgefühl verlangen. An Mimik, Körpersprache und Stimme lesen wir eindeutig ab, ob unser Gegenüber verzweifelt, deprimiert, traurig oder enttäuscht ist. Für unser Charisma ist entscheidend, dass wir dann passend darauf reagieren – nämlich emotional.

Bill Clinton, der als sehr charismatisch gilt, ist dafür ein gutes Beispiel. Während seiner Amtszeit als Präsident der USA besuchte er die Überschwemmungsgebiete im Mittleren Westen. Dabei traf er auch auf Christina Hein, 24, eine Computerfachfrau aus Des Moines. Sie erinnert sich noch heute an diese Begegnung: »Er sah mich ernst an, und ich brach in Tränen aus.« Als sie ihm erzählte, dass ihre Eltern durch das Unglück ihre Ranch verloren hätten, hatte Clinton ebenfalls Tränen in den Augen. Dann umarmte er sie und flüsterte: »Es tut mir leid, so schrecklich leid. Halten Sie durch.« Clintons Wirkung wäre gewiss weniger charismatisch gewesen, hätte er der jungen Frau aufmunternd auf die Schulter geklopft und gesagt: »Machen Sie sich keine Sorgen! Wir werden in den nächsten Monaten ein umfangreiches Hilfsprogramm auf den Weg bringen.«

Wer sein Einfühlungsvermögen steigern möchte, braucht sich eigentlich nur eine einzige Frage zu stellen: Was würde ich mir selbst an dieser Stelle wünschen? Der nächste Schritt besteht darin, die vom Gegenüber ausgelösten Emotionen auch auszudrücken. In diesem Punkt hat man oft Hemmungen. Man denkt, es wäre dem anderen unangenehm oder würde sein Elend oder seinen Kummer noch verstärken, wenn man seine Betroffenheit deutlich zeigt, mit ihm weint, ihn in die Arme nimmt. Doch auch zurückhaltende Menschen sollten es wagen, über ihren Schatten zu springen und nicht nur mit Worten, sondern auch mit ihrem Blick und ihren Gesten Mitgefühl zu bekunden.

Verständnis entwickeln

Güte, Wärme und Mitgefühl zu zeigen fällt bei sympathischen Menschen sicher leicht. Anders ist es jedoch bei solchen, die man nicht mag, die einen verärgern und wütend machen oder einem auf die Nerven gehen. In diesem Fall ist einiges an mentaler Anstrengung nötig, damit man auch bei ihnen zu einem positiven Verhalten in der Lage ist.

In die Mokassins schlüpfen

Von den Indianern stammt der Spruch: »Großer Geist, bewahre mich davor, über einen Menschen zu urteilen, ehe ich eine Meile in seinen Mokassins gegangen bin.« Ähnlich drücken es die Franzosen aus: »Tout comprendre c'est tout pardonner.« – »Alles verstehen heißt alles verzeihen.« Da ist etwas Wahres dran. Wenn wir wissen, aufgrund welcher Erfahrungen sich jemand abschreckend verhält, sind wir in der Lage, ihn zumindest zu akzeptieren. Eine unvergessliche Lektion in dieser Hinsicht bekam ich vor Jahren auf einem Wochenendseminar, das ich für die Leserinnen einer großen deutschen Frauen-Zeitschrift hielt. Eine der Teilnehmerinnen, Christina, schaffte es in kürzester Zeit, die Ablehnung der gesamten Gruppe auf sich zu ziehen. Beim Abendessen riss sie das Gespräch an sich und dominierte mit schriller Stimme, indem sie einen Witz nach dem anderen erzählte. Sie verbreitete eine so verkrampfte Heiterkeit, dass sich alle mehr und mehr zurückzogen. Als Therapeutin habe ich oft genug erlebt, dass gerade Menschen, die andere durch ihr Verhalten abschrecken, viel Leid verbergen. Und so war es auch hier. In einer Sitzung, in der die Teilnehmerinnen die Aufgabe hatten, auf großen Papierbögen mit Wachsmalstiften ihr Leben als Panorama zu malen, offenbarte Christina eine schreckliche Kindheit. Ihre Mutter litt an Schizophrenie, und Christina musste schon als kleines Mädchen um ihr Leben fürchten. Als sie vier Jahre alt war, hielt ihre Mutter sie im dritten Stock über den Balkon und drohte damit, sie fallen zu lassen. Nachdem wir Christinas Lebensgeschichte gehört hatten, waren alle ganz erschüttert. Ich konnte beobachten, wie sich die Haltung der Gruppe ihr gegenüber schlagartig änderte. Alle waren freundlicher und interessierter. Sie sahen sie nun mit anderen Augen und konnten auf diese Weise hinter der schrillen Person das ängstliche, verunsicherte, liebenswerte kleine Mädchen entdecken.

Leider hat man viel zu selten Gelegenheit, hinter die Kulissen eines Menschen zu schauen; in der Regel erzählt niemand ungefragt seine Lebensgeschichte. Aber mit Aufmerksamkeit und ein wenig detektivischem Gespür können wir manchmal schon aus kleinen Bemerkungen auf eine Vergangenheit schließen, die sich auf das Verhalten eines Menschens negativ ausgewirkt hat: »Meine Mutter ist gestorben, als ich zwölf war.« – »Meine Schwester war immer die Hübsche und ich das hässliche Entlein.« – »Wenn man kein Abitur hat, dann hat man doch keine Chance.« – »Wir waren zu Hause fünf Kinder, da gab es von allem zu wenig.« – »Ich sollte eigentlich ein Junge werden.« Oder wie es eine Kollegin mal ausdrückte: »Schwierige Menschen haben Schwieriges erlebt.« Das Bewusstsein dafür hilft uns, auch gegenüber denjenigen, die wir ursprünglich nicht mögen, eine wohlwollendere Einstellung einzunehmen.

Die Phantasie spielen lassen

Manchmal lässt sich Verständnis sogar dann entwickeln, wenn wir kein einziges Wort mit jemandem wechseln können. Das gelingt mit Hilfe unserer Phantasie. Anstatt sich zu ärgern, wütend zu werden oder enttäuscht zu sein und dadurch Charisma zu verlieren, kann man sich dank der Vorstellungskraft in einen Zustand des Wohlwollens versetzen. Etwa indem man sich eine Geschichte ausdenkt, warum sich derjenige so unangenehm verhält. Vielleicht, weil er daheim Ärger hat oder im Job überfordert ist. Auch die folgende Methode ist wirkungsvoll: Man stellt sich vor, einem Filmstar zuzuschauen. Beeindruckend, wie gekonnt er sich aufregt, herumbrüllt oder zickig reagiert – absolutes Hollywood-Niveau. Auf diese Weise bekommt man Distanz zu dem unangemessenen Verhalten.

Herzlichkeit zeigen

Da ist es wieder, das Herz, doch diesmal ist es nicht für die großen Gefühle zuständig, sondern für das kleine Strahlen. Oder besser gesagt, für das Anstrahlen. »Wie schön, Sie zu sehen! Ich habe kürzlich noch an Sie gedacht.« – »Kommen Sie doch auf einen Sprung herein. Ich habe gerade Kuchen gebacken.« – »Ihre Tochter hat jetzt eine Lehrstelle? Das freut mich sehr.« So und ähnlich klingt es, wenn wir Herzlichkeit zeigen. Es ist das Gegenteil von einem kühlen und formellen Verhalten. Mit Herzlichkeit richtet man quasi einen emotionalen Heizstrahler auf sein Gegenüber und gibt ihm zu verstehen, dass er oder sie willkommen ist. Damit taut man sogar verlegene und schüchterne Menschen auf.

Marius, 25, Theologiestudent, hat Herzlichkeit geholfen, sein mündliches Examen zu bestehen. Er litt unter Prüfungsangst und war völlig blockiert; sein Professor bemerkte das gleich. Anstatt mit Fragen einzusteigen, sagte er väterlich: »Na, junger Mann, wir trinken jetzt erst einmal eine schöne Tasse Tee. Ich habe heute noch gar keine Pause gehabt. Nehmen Sie Milch und Zucker?« Und dann plauderte er mit Marius über sein Studium. Als er dann ganz allmählich zum Prüfungsstoff überleitete, war Marius so entspannt, dass er mit Prädikat bestand. Kein Wunder, dass der Professor an seiner Universität als charismatisch gilt.

Zur Herzlichkeit gehört auch immer eine Prise Spontaneität und Unkompliziertheit. Sie lässt sich kaum planen, weil sie meist situationsabhängig ist. Aber man kann sie als Grundhaltung pflegen, indem man sich vornimmt, anderen offen und freundlich zu begegnen.

Fürsorglichkeit beweisen

Ein weiterer Aspekt von Wärme ist Fürsorglichkeit: Man trägt Sorge dafür, dass es einem anderen gut geht. Allerdings geht es nicht um ein übermäßiges Behüten, wie man es von so genannten Helikopter-Eltern kennt. Gemeint ist auch nicht ein unverlangtes Kümmern, bei dem sich die Betroffenen leicht belästigt fühlen. Vielmehr geht es um eine liebevolle Aufmerksamkeit, mit der man wahrnimmt, was der andere gerade braucht. Das ist äußerst gewinnend.

Leo, 31, Banker, erzählt: »Ich kannte Natalie schon länger; sie gehörte lose zu meiner Freundesclique. Verliebt habe ich mich in sie, als sie an einem Abend, an dem wir alle im Biergarten waren und sie zufällig neben mir saß, mich aufmerksam ansah und sagte: ›Du siehst müde aus. Hast du im Moment im Job viel Stress?‹ Dass sie das bemerkte, hat mich umgehauen.«

Jemandem die eigene Jacke über die Schultern zu hängen, wenn man sieht, dass er friert. Einen kleinen Imbiss vorbereiten, wenn man weiß, dass der andere noch nichts gegessen hat. Zu sagen: »Komm, wir machen das schnell zusammen.« Das ist Fürsorge. Diese kleinen Gesten sind so einfach und doch so selten, dass man meist dahinschmilzt, wenn man sie erfährt.

Güte, Mitgefühl, Verständnis, Herzlichkeit und Fürsorge sind die Elemente, aus denen sich das Charisma der Wärme zusammensetzt. Nicht jedem ist es von Hause aus gegeben, das zu empfinden und zu zeigen. Vielleicht weil man es selbst zu wenig erlebt hat oder weil einem beigebracht wurde: Wenn jeder an sich denkt, ist an alle gedacht. Doch Wärme lässt sich üben. Man hat jeden Tag Gelegenheit dazu. Schließlich geht es nicht ständig um große Emotionen, sondern um kleine herzerwärmende Freundlichkeiten.

Interesse

Während der Regierung von Queen Victoria bewarben sich William Ewart Gladstone und Benjamin Disraeli um den Posten des Premierministers. Im Wahlkampf lud die Königin beide Anwärter nacheinander ein. Die Presse wollte anschließend von ihr wissen, welchen Eindruck sie denn von den Rivalen gewonnen hätte. Sie sagte: »Nach dem Abendessen mit Mr. Gladstone hatte ich das Gefühl, dem klügsten Menschen von England begegnet zu sein. Nach dem Essen mit Mr. Disraeli glaubte ich, ich selbst sei der klügste Mensch in ganz England.« Disraeli gewann auf Intervention von Königin Victoria die Wahl.

Diese Anekdote bringt auf den Punkt, was Interesse bedeuten kann: nicht selbst glänzen zu wollen, sondern den anderen glänzen zu lassen. Sich nicht in den Mittelpunkt zu stellen, sondern die Aufmerksamkeit auf das Gegenüber zu richten. Die amerikanische Charisma-Trainerin Olivia Fox Cabane nennt diesen Aspekt deshalb auch »Focus-Charisma«: Wir fokussieren uns auf unser Gegenüber. Aber so simpel das auch klingt, es erfordert einiges Know-how. Am wichtigsten ist jedoch die innere Einstellung.

Präsenz zeigen

Der Begriff »Achtsamkeit« stammt ursprünglich aus dem Buddhismus. Er besagt, dass man seine Gedanken und Gefühle vollständig auf die Gegenwart richtet. Als Mittel gegen permanente Reizüberflutung hat Achtsamkeit inzwischen auch in unserer westlichen Welt an Bedeutung gewonnen. Dass es sich dabei um eine Fähigkeit handelt, die geübt werden muss, illustriert die folgende Geschichte:

Zwei junge Zen-Mönche aus verschiedenen Klöstern streiten sich, welcher ihrer Meister der bessere sei. Der erste Mönch sagt stolz: »Mein Lehrer schafft es, an zwei Orten zugleich zu sein.« – »Das ist doch noch gar nichts«, erwidert der andere. »Wenn mein Meister sitzt, dann sitzt er. Wenn er geht, dann geht er. Und wenn er isst, dann isst er.« Daraufhin gibt sich der erste Mönch geschlagen: »Dein Meister ist wahrhaftig erleuchtet.«

Um Interesse an anderen zu zeigen, müssen wir nicht unbedingt erleuchtet sein, wohl aber besonders konzentriert. Meistens verläuft ein Gespräch folgendermaßen: Man unterhält sich mit jemandem. Während man scheinbar zuhört, schweifen die Gedanken ab. Nicht weiter schlimm, sollte man meinen, das merkt doch keiner. Irrtum, Aufmerksamkeit lässt sich nicht vortäuschen. Unterschwellig nimmt der Gesprächspartner sehr wohl wahr, wenn man nicht ganz bei der Sache ist. Das macht sich an winzigen Veränderungen der Mimik, der Körpersprache und vor allem an den Augen fest. Deshalb ist es wichtig, dass man seine volle Aufmerksamkeit bewusst auf sein Gegenüber lenkt und wirklich präsent ist.

Präsenz ist einer der Schlüsselbegriffe für Charisma. Es bedeutet, dem Gesprächspartner das Gefühl zu vermitteln, die einzige Person im Raum zu sein. Das kann man üben, indem man während eines Gespräches immer wieder kurz überprüft, ob man mit der Aufmerksamkeit noch in der Gegenwart und damit bei seinem Gegenüber ist. Falls nicht, führt man die Konzentration bewusst wieder dahin zurück. Damit schafft man die Basis für die verschiedenen Ausdrucksformen, in der Kommunikation Interesse zu zeigen.

Echtes Interesse demonstrieren

Jemand fragt zum Beispiel: »Na, wie war denn Ihr Urlaub?« Man will gerade zum Erzählen ansetzen, da spürt man die Ungeduld des Gegenübers und verstummt recht schnell. Oder noch schlimmer: Man unterhält sich auf einem Fest mit jemandem. Dieser reagiert zwar mit: »Ach ja? Wie interessant …«, lässt dabei aber seine Augen im Raum umherschweifen. Dass es wirklich nichts bringt, falsches Interesse zu heucheln, zeigt die folgende Anekdote:

Ein narzisstischer Filmstar wurde von seiner Agentin aufgefordert, mehr auf andere einzugehen, wenn er charismatischer wirken wolle. Das leuchtete ihm ein, und er nahm sich vor, ihren Rat zu beherzigen. Ein paar Tage später stand er auf einer Party mit einem Glas Martini am Pool und erzählte einem anderen Gast ausführlich von seinen nächsten Projekten. Plötzlich fiel ihm sein guter Vorsatz wieder ein, und er sagte entschuldigend zu seinem Gesprächspartner: »Sorry, jetzt habe ich die ganze Zeit von mir gesprochen. Reden wir doch mal von Ihnen: Wie fanden Sie meinen letzten Film?«

Den Fehler, unter dem Deckmantel von Interesse Selbstdarstellung zu betreiben, sollte man nicht begehen. Natürlich wirkt nicht jeder Mensch, dem man begegnet, auf Anhieb fesselnd, doch das lässt sich ändern, indem man versucht herauszufinden, was der Gesprächspartner liebt und was ihn begeistert. Dann kann das Gespräch wirklich spannend werden, weil er vielleicht etwas Wissenswertes erzählt. Auf diese Weise schlägt man im Grunde zwei Fliegen mit einer Klappe: Man verstärkt nicht nur sein Charisma, sondern bildet sich gleichzeitig weiter.

Jeden Menschen für wichtig erachten

Das Interesse sollte immer mehr der Person gelten als ihrer Funktion. Eine in diesem Sinne gefährliche Frage lautet: »Was machen Sie denn beruflich?« Man kann oft beobachten, dass jemand augenblicklich das Interesse verliert, sobald sich herausstellt, dass sein Gegenüber ihm nicht von Nutzen sein kann. Das musste ich auch selbst einmal deutlich erfahren. Auf einer Veranstaltung im Medienbereich, an der ich teilnehmen durfte, war der Ehrengast ein bekannter Verleger. Reihum begrüßte er jovial die Anwesenden mit Handschlag und erkundigte sich, was sie denn in der Verlagsbranche für eine Position innehätten. Auch mich strahlte er zunächst an, aber als ich ihm sagte, ich wäre Psychologin, sah ich in seinem Gesicht, wie sein Interesse schlagartig erlosch. Wie, keine Chefredakteurin? Keine höhere Stellung im Medienbereich? Also unwichtig. Abrupt wandte er sich ab.

Natürlich ist niemand frei davon, manche Berufe oder Positionen für die eigenen Belange wichtiger oder interessanter zu finden als andere. Doch dann gebietet zumindest die Höflichkeit, den Gesprächspartner diese Einstellung nicht spüren zu lassen. Wer sein Verhalten ändert, sobald er erfährt, dass die Dame im schicken Kostüm »nur« die Sekretärin ist, und sich seine Liebenswürdigkeit für die Chefin aufspart, strahlt gewiss kein Charisma aus.

Ein gutes Gedächtnis entwickeln

Ein gutes Gedächtnis für die Lebensgeschichten und Gewohnheiten anderer Menschen zu haben ist eine besonders effektive Art, Interesse zu zeigen. Schließlich ist es äußerst schmeichelhaft, wenn man auf ein persönliches Detail angesprochen wird, das man einmal erwähnt hat. Daran zeigt sich: Hier hat sich jemand etwas gemerkt, weil ich ihm wichtig bin.

In meinem Wohnviertel gibt es eine Boutique mit dem hübschen Namen »Himmlische Preise«. Die Eigentümerin heißt Angelika und ist tatsächlich für ihre Kunden ein Engel. In ihren Laden kommen viele Frauen aus der Nachbarschaft nicht nur, um Kleider anzuprobieren, sondern auch, um sich einmal auszusprechen, Trost und Rat zu holen. Angelikas besondere Kunst besteht darin, sich alle Geschichten zu merken. Selbst wenn eine Kundin erst nach Wochen wieder bei ihr im Laden steht, fragt sie ganz präzise nach. Ihr ehrliches Interesse trägt viel zu ihrem Charisma bei.

Geschickte Netzwerker merken sich persönliche Informationen professionell. Sie tippen Einzelheiten, die sie im Gespräch erfahren haben, anschließend als Stichworte in ihren PC oder schreiben sie auf die Rückseite der Visitenkarte, die man ihnen überreicht hat: »Verheir., 2 Ki., Oskar (3) + Emily (7), Katze Minky.« Daraus lässt sich bei der nächsten Begegnung dann folgende Frage formulieren: »Wie geht es Ihrem Oskar, ist er jetzt schon in der Kita?«

Namen nennen

Ein Spruch sagt: »Nichts hört der Mensch lieber als seinen eigenen Namen.« Da scheint etwas dran zu sein, denn man fühlt sich dadurch als Person wahrgenommen. Umgekehrt ist es kränkend, wenn sich ein Gesprächspartner nicht mehr an den Namen erinnern kann. Selbst wenn es nicht den Tatsachen entspricht, schließt man daraus, man sei für ihn offenbar ein Niemand. Grund genug, Namen gut zu behalten. Zwar vergesse ich kaum ein Gesicht und behalte über Jahre ganze Lebensgeschichten, nur Namen wollen mir oft nicht mehr einfallen. Weil ich aber weiß, wie wichtig es ist, gebe ich mir besondere Mühe, mir Namen zu merken. Dabei helfen folgende Tricks:

Wenn einem jemand vorgestellt wird, rauscht der Name oft viel zu schnell vorbei. Wir hören nur »Scheuf…ber«. Dann empfiehlt es sich, noch einmal nachzufragen: »Verzeihung, ich habe Ihren Namen nicht genau verstanden. Würden Sie ihn mir bitte noch einmal nennen?« Wenn man dann weiß, dass man mit Frau Scheufelhuber zu tun hat, wiederholt man den Namen und benutzt ihn im Laufe des Gesprächs bewusst mehrfach. Auf diese Weise prägt er sich ein.

Eine weitere Stütze für ein schwaches Namensgedächtnis ist die Eselsbrücke. Den Namen von Frau Hagelskamp merkt man sich leichter, wenn man daran denkt, dass sie meist dreinschaut, als sei ihr die Petersilie ver*hagelt*. Dr. Haseney hat vorstehende Zähne wie ein Hase. Das funktioniert, auch wenn manche bildlichen Vergleiche an den Haaren herbeigezogen sind.

Und was macht man, wenn man jemanden trifft, den man vor einiger Zeit kennengelernt hat, dessen Name einem aber genauso entfallen ist wie die Umstände, unter denen man ihm seinerzeit begegnet ist? Manchmal hilft es dann, sich in Floskeln zu retten wie: »Welche Überraschung, Sie zu sehen!« Oder: »Wie geht es Ihnen?«, in der Hoffnung, dass der andere etwas von sich preisgibt, das uns wieder auf die Spur bringt. Da das allerdings zu einem verbalen Eiertanz führen kann, ist es oft besser, sich gleich als unwissend zu outen: »Verzeihen Sie, ich habe leider ein schrecklich schlechtes Namensgedächtnis. Bitte helfen Sie mir auf die Sprünge …«

Eine gute Gelegenheit, Interesse zu bekunden, sind Geburtstage. Jeder freut sich, wenn dieser besondere Tag von anderen wahrgenommen wird. Weil man nicht sämtliche Zahlen im Kopf behalten kann, empfiehlt es sich, eine Liste mit den Daten aller Freunde und guten Bekannten anzulegen. Zu Beginn des Jahres überträgt man sie in seinen aktuellen Kalender. So weiß man immer, wann eine Glückwunschkarte oder ein Päckchen fällig ist. Bei neuen Bekanntschaften, die man gerne festigen möchte, ergibt sich meist die Möglichkeit, das Geburtsdatum unauffällig zu erfragen, es sich zu merken und später zu notieren. Eine Kollegin von mir bekommt das zum Beispiel beim unverfänglichen Geplauder über Sternzeichen heraus: »Was für ein Sternzeichen sind Sie? Ich vermute, Sie sind Fisch. Ach nein, Sie sind Wassermann? Wann haben Sie denn genau Geburtstag?«

Auch offizielle Festtage sind eine gute Gelegenheit, jemandem zu zeigen, dass man ihn im Blick hat. Eine Geschäftseröffnung, eine Beförderung, ein Jubiläum, der Bezug einer neuen Wohnung lassen sich mit einem kleinen Präsent würdigen.

Fragen stellen

Ein deutlicher Ausdruck von Interesse ist, nachzufragen. Besonders diejenigen, denen es schwerfällt, sich in den Mittelpunkt zu stellen und locker zu unterhalten, haben damit einen goldenen Schlüssel, um charismatisch zu wirken.

Der berühmte Autor Dale Carnegie war als junger Mann sehr schüchtern. Als man ihn bei einem offiziellen Abendessen neben einen prominenten Wissenschaftler platzierte, wusste Carnegie nichts von Bedeutung zu erzählen, und er hatte auch keine Ahnung vom Fachgebiet seines Tischnachbarn. Also beschränkte er sich darauf, Fragen zu stellen und aufmerksam zuzuhören. Am Ende des Abends, als sich die Gäste verabschiedeten, sagte der Wissenschaftler begeistert zur Gastgeberin: »Ich habe mich selten so gut unterhalten. Dieser junge Carnegie ist ja wirklich ein äußerst faszinierender und intelligenter Gesprächspartner!«

Der psychologische Hintergrund für diese Wirkung ist recht einfach zu erklären. Jeder Mensch, sei er noch so bescheiden, ist sich selbst die wichtigste Person. Das bedeutet, dass er gerne über sich selbst spricht. Indem man ihn mit Fragen dazu ermuntert, erhält man automatisch einen Sympathiebonus. Allerdings sind nicht alle Fragen hierfür gleich gut geeignet. Solche, die nur mit Ja oder Nein beantwortet werden können, stoppen das Gespräch. Man bezeichnet diese Art der Frage als »geschlossen«. Das klingt dann folgendermaßen: »Haben Sie diesen Film schon gesehen?« – »Ja.« – »Mögen Sie Austern?« – »Nein.« – »Waren Sie in diesem Jahr eigentlich schon im Urlaub?« – »Ja.« Mit geschlossenen Fragen locken wir niemanden aus der Reserve. Anders wirken sich die so genannten »offenen« Fragen aus, denn sie verlangen eine ausführlichere Antwort. »Warum sind Sie von München nach Hamburg gezogen?« – »Weshalb gefällt Ihnen denn der Film so gut?« Als Antwort muss mindestens ein Antwortsatz folgen.

Fragen zu stellen bedeutet jedoch nicht, den Großinquisitor zu spielen. Wer eine Frage nach der anderen stellt, kann den Eindruck erwecken, sein Gegenüber aushorchen zu wollen. Deshalb empfiehlt es sich, ab und zu auch etwas von sich zu erzählen. Allerdings nicht in epischer Breite, sondern gerade so viel, dass ein Gleichgewicht entsteht.

Aktiv zuhören

Die ergänzende Technik zum Fragenstellen ist das aufmerksame Zuhören. Sie verlangt mehr als nur ein regelmäßiges Kopfnicken oder ein bestätigendes »Mhm«, mit dem man signalisiert, dass man den Ausführungen des anderen lauscht. Es bedeutet, an der passenden Stelle genauer nachzufragen oder auch eine kurze Selbstauskunft einzuflechten wie: »Ich kann Sie so gut verstehen. Mein Hund war auch vor einiger Zeit krank. Da fühlt man sich ganz hilflos.« Doch gerade dabei können leicht Fehler gemacht werden. Vor allem die drei Hauptfehler des Zuhörens sollte man vermeiden:

- Die Worte des Gegenübers als Aufhänger nehmen, um die eigene Geschichte zu erzählen.
- Versuchen, den Gesprächspartner im Thema zu übertrumpfen: Er hat eine Operation, einen Autounfall oder Umzug hinter sich? Das ist doch noch gar nichts im Vergleich zu dem, was man selbst erlebt hat.

- Häufiges Unterbrechen: Sicher kann es nervig sein, wenn jemand in aller Ausführlichkeit etwas erzählt und man vielleicht sogar ahnt, was als Nächstes kommt. Trotzdem sollte man die Disziplin aufbringen, dem anderen eine Weile Raum zum Erzählen zu lassen.

Drei Minuten Aufmerksamkeit schenken

Mit Fragen und Zuhören Interesse zu zeigen kommt gut an. Aber was macht man, wenn man von einem Langweiler oder einer Klette in Beschlag genommen wird? Niemand muss sein Interesse bis zum bitteren Ende aufrechterhalten, doch charismatische Menschen ziehen sich dabei elegant aus der Affäre, ohne den anderen zu kränken. Dabei benutzen sie einen Trick: Sie äußern sich zunächst positiv. »Es war anregend, mit Ihnen zu plaudern ...« Oder: »Ich habe mich gefreut, Sie kennengelernt zu haben ...« Dann geben sie einen plausiblen Grund an, warum sie sich verabschieden: »... aber ich sehe da gerade einen alten Freund, dem ich gerne Hallo sagen möchte.« Oder: »... aber ich möchte Sie nicht länger festhalten! Sie wollen sicher auch noch andere Gäste begrüßen.« (Man beachte die geschickte Verdrehung der Tatsachen.) Wichtig ist allerdings, dass man sich nicht zu früh davonmacht. Kommunikationswissenschaftler haben herausgefunden, dass sich innerhalb von drei Minuten herausstellt, ob man länger mit seinem Gegenüber im Gespräch bleiben möchte. Danach ist es erlaubt, sich zu entfernen. Diese Zeit sollte man aber unbedingt einhalten, auch wenn schon nach den ersten Sätzen klar ist, dass daraus keine Sternstunde der Unterhaltung wird.

Die Kür des charismatischen Verhaltens

Mit den drei unverzichtbaren Begriffen Autorität, Wärme und Interesse haben wir das Herzstück des Charismas betrachtet. Während diese Kardinaleigenschaften Pflicht sind, folgt nun die Kür. Es geht darum, zusätzlich diejenigen Verhaltensweisen zu entwickeln, die unser Charisma erst so richtig zum Glänzen bringen. Jede drückt einen wichtigen Aspekt im Umgang mit anderen Menschen aus: Wertschätzung zeigen, anregend, offen, freundlich, großzügig sein. Vieles davon setzen Sie sicher schon längst um. Dennoch lohnt es sich, zu überprüfen, wo etwas Nachbesserung nötig wäre. Möglicherweise könnten wir offener sein, oder es fehlt uns an einer gewissen Großzügigkeit. Vielleicht müssen wir uns auch bloß darum bemühen, interessanter zu wirken. Wenn wir ehrlich zu uns sind, wissen wir meistens ganz genau, wo was fehlt. Gewiss haben wir schon von anderen Feedback bekommen, was sie bei uns vermissen, wie etwa: »Sei doch nicht so kleinlich.« – »Du könntest mich ruhig auch mal loben.« – »Sag doch mal, was du denkst.« Wo auch immer man einen Mangel entdeckt: Es gibt psychologisches Handwerkszeug, um ihn zu beheben. Es lohnt sich, diese zusätzlichen Verhaltensweisen bei sich zu etablieren, denn sie sind wie eine edle Fassung für die drei Edelsteine der Kardinaleigenschaften. Erst kostbar präsentiert entfalten sie die optimale Wirkung.

Wertschätzung zeigen

Wer anderen Menschen Wertschätzung entgegenbringt, wirkt auf sie unwiderstehlich, weil die meisten sich danach sehnen, wahrgenommen und mit liebevollem Respekt behandelt zu werden. Nicht umsonst haben zahlreiche Studien ergeben, dass den meisten Berufstätigen eine Wertschätzung ihrer Arbeit wichtiger ist als Geld und Prestige. Jemanden wertzuschätzen zeigt, dass man seine Bemühungen und Stärken erkennt, dass er wichtig ist und man ihn achtet. Es gibt unterschiedliche Möglichkeiten, dies zu zeigen, aber die wirkungsvollsten sind Lob und Dankbarkeit. Das klingt ziemlich banal; trotzdem gibt es in puncto Charisma im Detail einiges zu beachten.

Großzügig loben

»Nicht gemeckert ist genug gelobt«, oder auch: »Eigenlob stinkt.« Die Einstellung, die sich in diesen Aussprüchen zeigt, hat durchaus Methode. Dahinter steht die Absicht, das Gegenüber nicht mit Anerkennung zu verwöhnen, damit es nicht selbstverliebt und übermütig wird. Inzwischen ist man in diesem Punkt zwar weiter, aber dabei schlägt das Pendel häufig in die Gegenrichtung aus: Weil man weiß, wie wichtig

Loben für das Selbstvertrauen von Kindern ist, werden diese schon für den geringsten Erfolg über den grünen Klee gelobt. Die Inflation von Lob führt letztlich dazu, dass die Kleinen es nicht mehr ernst nehmen. Es gilt also, drei Dinge zu beachten: Etwas Lobenswertes zu finden, den passenden Ton anzuschlagen und das richtige Maß zu beachten. Dabei fährt man gut mit folgenden Regeln:

Aufrichtig loben

Nur ehrliche Bewunderung wirkt sich positiv aus; alles andere wird als manipulativ empfunden und hinterlässt einen bitteren Nachgeschmack.

»Frau Meinhold, das kann niemand so gut wie Sie. Sie sind einfach die Beste!«, säuselt der Chef und legt der Mitarbeiterin einen zusätzlichen Stapel Arbeit auf den Schreibtisch.

»Wie Sie das wieder gemacht haben, Herr Dollfuß, einfach großartig. Ich habe auch schon zu meinem Mann gesagt, dass nur Sie ein Händchen dafür haben«, schmeichelt sich ein Gast beim Empfang ein.

Wer lobt, um etwas zu erreichen, hat in puncto Charisma schlechte Karten. Wir besitzen feine Antennen, mit denen wir sehr wohl spüren, ob jemand etwas ernst meint oder nicht. Deshalb sollte man sich selbst überprüfen: Ist mein Lob frei von eigennützigen Motiven?

Loben, was dem anderen wichtig ist

Lob bedeutet auch Unterstützung. Das gilt besonders dort, wo sich jemand unsicher fühlt in dem, was er tut. Nicht umsonst loben Eltern ihr Kleinkind, das seine ersten Schritte versucht und dabei immer wieder auf die Nase fällt: »Das machst du schon ganz toll!« Auch Erwachsenen tut ein »Weiter so« gut.

Man sollte die Bemühung sehen und schätzen, anstatt zu kritisieren, was noch nicht klappt. Wichtig ist auch, das Richtige zu benennen. Es ist wenig sinnvoll, einen Hobbykoch für die Tischdekoration zu loben anstatt für sein köstliches Essen. Oder eine Wissenschaftlerin statt auf die Ergebnisse ihrer Untersuchung auf ihre geschmackvolle Kleidung anzusprechen. Mit etwas Gespür lässt sich herausfinden, wofür das Herz des Menschen schlägt, den man loben möchte.

Spezifisch loben

»Das hast du klasse gemacht!« So eine Hochschätzung hört man gerne, aber im Grunde fällt sie doch etwas knapp aus und ist nicht sehr einfallsreich. Ein allgemeingültiges Lob passt schließlich zu allem. Dagegen ist ein Lob, bei dem man merkt, dass sich der andere wirklich Gedanken gemacht hat, ein echtes Geschenk. Dabei darf man gerne auch Bilder zur Veranschaulichung benutzen, denn die prägen sich besonders gut ein. Wenn man präzise benennen kann, was man warum gut findet, fühlt sich der Gesprächspartner gesehen. Ich weiß noch, wie glücklich ich war, als ein von mir sehr geschätzter Kollege über eines meiner Bücher sagte: »Ich liebe Ihren Stil. Er fließt wie Wasser über Steine.« Er hatte wahrgenommen, wie viel Mühe ich mir gegeben habe, eine klare Sprache zu finden.

Auf Augenhöhe loben

Auch das perfekteste Lob wirkt nicht, wenn es von oben herab ausgesprochen wird. Tatsächlich kann man mit Stimme, Gestik und Mimik ein Gefälle herstellen, etwa indem man jemandem mit einem »Na, das ist doch schon ganz nett« jovial auf die Schulter klopft. Wenn wir uns überlegen fühlen, strahlen wir das auch aus und kränken damit unser Gegenüber. Der Eindruck von Gönnerhaftigkeit lässt sich am ehesten vermeiden, wenn wir, statt nur ein Statement abzugeben, unsere wahren Gefühle zeigen: »Ich bin ganz begeistert, wie Sie Ihren Garten gestaltet haben.« – »Es rührt mich, wie fürsorglich Sie sich um Ihre Kinder kümmern.« – »Ich muss sagen: Es ist ein wahres Vergnügen, mit einem Profi wie Ihnen zu arbeiten.«

Zeitnah loben

Natürlich ist es angenehm zu hören: »Wissen Sie noch, wie wir damals Singer & Westermann als Kunden gewinnen wollten? Die haben Sie ja mit Ihrer tollen Präsentation völlig überzeugt.« Aber Dinge hervorzuheben, die schon lange vorbei sind, hat immer etwas Abgestandenes. Der oder die Betroffene denkt dann schnell: »Und heute gibt es wohl nichts mehr Lobenswertes zu benennen?« Deshalb sollte man Anerkennung nicht vertagen, sondern möglichst zeitnah äußern. Auf diese Weise kann sie sogar motivierend wirken.

Komplimente verteilen

Während man ein Lob von langer Hand planen kann, sind Komplimente an eine aktuelle Situation gebunden; daher dürfen sie auch knapper ausfallen: »Eine schicke Tasche haben Sie da!« Oder: »Das kann nur jemand tragen, der so schlank ist wie Sie.« Menschen mit Charisma gehen mit Komplimenten verschwenderisch um. Sie wissen, dass kleine charmante Bemerkungen ihrem Gegenüber den Tag vergolden. Voraussetzung ist auch hier, dass man glaubt, was man sagt. Etwas auszusprechen, das man nicht wirklich denkt, ist fatal. Etwa die kitschige Brosche als »tollen Hingucker« zu bezeichnen oder den Hund, der einen unangenehm anspringt, einen »lieben Kerl« zu nennen. Man kann die Lüge in den Augen sehen und in der Stimme hören. Es fehlt die echte Begeisterung.

Ebenso wie vor falschen sollte man sich vor ambivalenten Komplimenten hüten. Sie enthalten ein schleichendes Gift, das nachträglich seine Wirkung entfaltet. »Heute sind Sie aber richtig schick angezogen.« – Wie, nur heute? »Für Ihr Alter haben Sie ein ausgezeichnetes Gedächtnis.« – Der findet mich alt?

Überhaupt hilft es, nachzudenken, bevor man seiner Begeisterung Ausdruck verleiht, damit man sich nicht versehentlich lächerlich macht. Die Musikerin und Kabarettistin Katie Freudenschuss schüttelt immer wieder den Kopf, wenn jemand nach einem ihrer Konzerte auf sie zukommt und sagt: »Also wie Sie das so machen: Klavier spielen und dann auch noch dazu singen ... Ich muss ehrlich sagen: Das könnte ich nicht.« Wen wundert das? Schließlich muss man es ja auch gelernt haben. Amüsiert antwortet dann die Künstlerin: »Ich marschiere ja auch nicht in den chinesischen Staatszirkus und sage zu den Artisten: ›Wie Sie sich verbiegen und die Füße über dem Kopf verschränken ... also ehrlich: Das könnte ich nicht.‹«

Dankbarkeit zeigen

Anderen Menschen dankbar zu sein bedeutet, dass wir bewusst wahrnehmen, was jemand für uns getan hat, und ihm das vermitteln. Natürlich haben wir von Kindesbeinen an gelernt, uns zu bedanken. Heute setzen wir Dank als wohlerzogene Menschen ganz selbstverständlich ein. Doch hier geht es nicht um Höflichkeitsfloskeln. Es geht um Dankbarkeit, die ohne besondere Absicht direkt aus dem Herzen kommt. Sie zeigt, dass man in der Lage ist, zu sehen und zu würdigen, was einem geschenkt wurde. Das setzt voraus, dass man nichts als selbstverständlich hinnimmt.

Sibylla, 52, Lehrerin, probierte in einem großen Kaufhaus Badeanzüge an. Die Verkäuferin gab sich besonders große Mühe, sodass Sibylla schließlich ein schönes und passendes Modell fand. An der Kasse befand sich zufälligerweise der Abteilungsleiter. Beim Bezahlen lobte Sibylla die kompetente und freundliche Beratung seiner Mitarbeiterin. Der Chef strahlte, die Angestellte strahlte, Sibylla verließ beschwingt das Geschäft.

Dankbarkeit hat verschiedene Formen. Am häufigsten ist sicher der ausgesprochene Dank. Den darf man gerne ausschmücken, indem man genauer beschreibt, was die gute Tat bewirkt hat. Auf diese Weise hört sich unser Dank nicht auswendig gelernt, sondern individuell an. Statt einer Freundin, die uns als moralische Unterstützung zu einem unangenehmen Gespräch begleitet hat, knapp zu sagen: »Vielen Dank, das war lieb von dir«, geht es auch ausführlicher: »Ich bin so froh, dass du mitgekommen bist. Ohne dich wäre ich unsicher gewesen. Dass du dabei warst, hat mir Mut gemacht, weil du immer so ruhig klar und bist. Danke, du bist wirklich eine gute Freundin.«

Für Menschen, die einem nicht ganz so vertraut sind, ist eine kleine Aufmerksamkeit oft sinnvoller als viele Worte: den freundlichen Mitarbeiterinnen in der Arztpraxis eine

Pralinenschachtel als »Nervennahrung« mitzubringen. Die Nachbarin, die immer die Pakete annimmt, mit einem Stück selbstgebackenem Kuchen zu überraschen. Dem Kollegen, der so oft Kopien für uns macht, einen Kaffeebecher mit seinem Namen zu schenken.

Sind die Gefälligkeiten größer, verlangt das ein entsprechend angemessenes Präsent. Wer sich mit einer Flasche Billigwein vom Discounter für die Vermittlung eines Jobs bedankt, ist nicht dankbar, sondern geizig; was nicht heißt, dass großer Dank teuer sein muss. Mangelnde finanzielle Möglichkeiten lassen sich auch durch günstigere Geschenke wettmachen, etwa, wenn man einem Bücherliebhaber im Antiquariat ein vergriffenes Exemplar oder einer leidenschaftlichen Köchin eine Rezeptsammlung schenkt.

Persönlich antworten

Fast jeden Tag findet man Einladungen in seinem Briefkasten oder E-Mail-Postfach: Ein Möbelhaus lädt zu Jubiläumswochen, ein Weinkontor zur Verkostung, eine Sushi-Bar zur Eröffnung oder ein Fitness-Studio zum Tag der offenen Tür ein. Egal wie freundlich sie formuliert sind oder ob sie sogar unseren Namen enthalten – wir sind nicht persönlich gemeint. Solche allgemeinen Einladungen dürfen wir guten Gewissens ignorieren. Etwas ganz anderes ist es, wenn wir eine wirklich persönliche Einladung bekommen, denn sie bedeutet ein Beziehungsangebot, das eine entsprechende Würdigung verlangt. Natürlich können wir zunächst abwägen, was wir davon haben, etwa gute Unterhaltung, neue Kontakte oder ein schönes Abendessen in angenehmer Atmosphäre. Es gibt viele Gründe, die uns motivieren können. Aber wenn nichts davon zutrifft? Dann müssen wir der Einladung zwar nicht nachkommen, aber es ist aus charismatischer Sicht eine Todsünde, direkt oder indirekt zu zeigen, wie wenig uns daran liegt. Wie unangenehm das wirken kann, habe ich einmal selbst erfahren.

Ich lud eine mir bekannte Referentin schriftlich ein, als mein Gast zu einem Vortrag zu kommen, der demnächst in ihrer Heimatstadt stattfinden würde. Es dauerte eine Weile, dann antwortete mir ihre Sekretärin, Frau X hätte leider keine Zeit. Dass der Termin vielleicht nicht passte oder sie keine Lust hatte, das hätte ich noch nachvollziehen können. Aber die Form der Absage empfand ich als unpassend, denn es hatte sich um eine persönliche Einladung gehandelt, weshalb ich auch eine persönliche Absage erwartete.

Die Münchener Topmanagement-Beraterinnen Dorothea Assig und Dorothee Echter nennen die erforderliche Haltung »Community-Kompetenz«, die Fähigkeit, Verbundenheit auf Augenhöhe herzustellen. Das bedingt Aufmerksamkeit und Wertschätzung gegenüber den Menschen, mit denen man es zu tun hat – egal ob beruflich oder privat.

Anregend sein

Menschen mit Charisma sind in der Regel nicht langweilig. Und das nicht etwa, weil sie ihre Umgebung ständig mit neuen Ideen verblüffen oder außergewöhnliche Geschichten erzählen – selbst wenn das durchaus zu ihrem Repertoire gehören kann. Sie wirken deshalb auf andere inspirierend, weil sie eigene Interessen haben. In ihrem Leben gibt es mindestens einen Bereich, der sie begeistert. Möglicherweise haben sie sich in ein Fachgebiet eingearbeitet, machen Musik, spielen Theater, engagieren sich sozial, oder ihre berufliche Tätigkeit füllt sie vollkommen aus. Welches Thema auch immer uns anzieht, entscheidend ist, dass wir ein Interesse nicht einfach deswegen wählen, weil es gerade angesagt ist, sondern weil es etwas mit unserer Persönlichkeit zu tun hat, mit unseren Talenten und Vorlieben.

Raus aus der Komfortzone

Es muss nicht unbedingt eine spezielle Leidenschaft sein, die einen Menschen interessant macht. Entscheidend ist, dass man geistig beweglich bleibt. Menschen mit Charisma werfen häufig einen Blick über ihren Tellerrand und sind bereit, Neues auszuprobieren. Sie lernen etwa nur so aus Spaß in der Volkshochschule Russisch, machen einen Salsa-Kurs mit ihrem Partner oder übernehmen die ehrenamtliche Betreuung einer Eishockey-Jugendmannschaft.

Nur ist es gar nicht so einfach, aus dem gewohnten Denkmuster auszubrechen und Neues auszuprobieren. Zum einen hängt das mit den alltäglichen Verpflichtungen zusammen. Zum anderen hegt man oft einen inneren Widerstand, wenn es sich um unbekannte Situationen handelt. Verständlich, schließlich macht alles Neue erst einmal Angst oder verursacht zumindest Unbehagen, weil man nicht weiß, was auf einen zukommt. Man winkt auch meist ab, wenn etwas nicht den Vorlieben entspricht und man deshalb über seinen Schatten springen muss. Wie Paul, 37, Importkaufmann, der am liebsten geflüchtet wäre, als ihn japanische Firmengäste in eine Karaoke-Bar mitnehmen wollten, denn ihm war es furchtbar peinlich, in der Öffentlichkeit zu singen. Ebenso ging es Veronica, 52. Ihre Freundin, Besitzerin einer Boutique, organisierte eine Modenschau und bat dazu Frauen aus ihrem Bekanntenkreis, die Kleider vorzuführen. Veronica fühlte sich schon bei der bloßen Vorstellung, von allen angestarrt zu werden, äußerst unbehaglich.

Ein gutes Training, um für neue Erfahrungen offener zu werden, ist, zunächst in einem ungefährlichen Rahmen bewusst die Routine zu durchbrechen. Leider sind wir im Alltag oft schon so eingespannt, dass wir das Gespür dafür verloren haben, was uns interessieren oder Freude machen könnte. Um es wiederzufinden, helfen zwei Übungen, die darüber hinaus noch richtig Spaß machen. Der Effekt der ersten beruht darauf, dass man einen Pakt mit sich selbst schließt und die gewünschten Veränderungen deshalb auch wirklich umsetzt. Die zweite bringt einen wieder in Kontakt mit den eigenen Sehnsüchten und Herzenswünschen, die meist unter alltäglichen Verpflichtungen vergraben sind.

Das Abenteuer erwürfeln

Es gibt gewiss einiges, was wir schon immer mal tun oder erleben wollten. Nur haben wir uns bisher nicht so recht getraut, hatten nie Gelegenheit oder mochten kein Geld dafür ausgeben. Dabei muss es sich keineswegs um spektakuläre Vorhaben handeln, es kann ein Tangokurs, eine Fahrt im gemieteten Cabrio oder eine neue Frisur sein. Um noch mehr Charisma auszustrahlen, sollte man sich diese kleinen, prickelnden Wünsche erfüllen. Genau dazu eignet sich der »Abenteuer-Würfel«:

- Schreiben Sie sechs kleine Wunschziele auf, die Sie schon immer einmal umsetzen wollten. Es muss sich dabei um etwas handeln, das Sie wirklich gerne tun würden.
- Nummerieren Sie die Wünsche von eins bis sechs durch.
- Nehmen Sie einen Würfel zur Hand.
- Bevor Sie würfeln, geben Sie sich selbst das feste Versprechen, das Ergebnis zu akzeptieren und das jeweilige Vorhaben sofort umzusetzen. Kneifen ist ebenso wenig erlaubt wie ein zweiter Würfel-Versuch. Ob und wann Sie würfeln, bestimmen Sie selbst – doch dann gilt der Vertrag.
- Würfeln Sie nur einmal. Die Augenzahl auf dem Würfel gibt Ihnen an, welcher Wunsch von Ihrer Liste dran ist.
- Unternehmen Sie die notwendigen Schritte, um den Wunsch so schnell wie möglich umzusetzen. Ein Beispiel: Sie haben eine Drei gewürfelt. Auf Ihrer Liste steht an dritter Stelle: »Einen Yoga-Kurs machen.« Dann rufen Sie umgehend ein Yoga-Studio an und vereinbaren eine Probestunde.
- Haben Sie die Aktivität ausgeführt, ergänzen Sie Ihre Liste wieder auf sechs Punkte. Und so weiter.

Diese Übung kann ganz schön aufregend sein, je nachdem, wie abenteuerlich die Wünsche ausfallen. Bevor es ernst wird, sollte man die Liste noch einmal daraufhin überprüfen, ob man sich mit den aufgeführten Punkten auch nicht überfordert. Falls man nämlich zum Beispiel euphorisch »Fallschirmspringen« notiert hat, ist man nach dem Würfeln dran! Deshalb sollte man sich gut überlegen, was man sich wirklich wünscht. Sonst ist es zu Beginn schon zu schwer, den Vertrag auch tatsächlich einzuhalten. Ein kleiner Schritt über die eigene Komfortzone hinaus fällt leichter als ein großer Sprung. Und steigern kann man sich letztendlich immer noch.

Den idealen Tag kreieren

Jeder hat sicherlich schon mal davon geträumt, so zu leben, wie er es will. Zumindest in der Phantasie kann man sich diesen Wunsch erfüllen, indem man sich einen idealen Tag in Gedanken ausmalt, von morgens früh bis abends spät. Ohne jede Zensur! Realistische Gedanken wie »Ich muss doch Geld verdienen« oder »Wer betreut denn in der Zeit die Kinder?« spielen keine Rolle, es geht nur um einen selbst und die eigenen Träume. Und das ist auch schon die ganze Übung: Schreiben Sie auf, wie die perfekten 24 Stunden für Sie aussehen.

Zu schön, um wahr zu sein? Nun ja, es scheint utopisch, einen Roman in einem Haus auf dem Land zu schreiben, wenn man real acht Stunden in der örtlichen Sparkasse tätig ist. Oder einen Städtetrip inklusive Museumsbesuch zu machen, wenn man kleine Kinder hat. Wir alle haben Verpflichtungen, die wir nicht einfach vernachlässigen können. Trotzdem gehören solche Tagträume nicht nur ins Reich der Phantasie, denn es gibt mehr Spielraum, als wir glauben, und den haben die meisten von uns noch längst nicht ausgeschöpft. Der »ideale Tag« zeigt den Weg zu eigenen geheimen Sehnsüchten und Bedürfnissen. Deshalb lohnt sich die Frage: Was davon kann ich in meinem Alltag umsetzen?

Angenommen, in der Phantasie ist man Gast in einem Luxushotel. Selbst wenn dieser Urlaub aus zeitlichen oder finanziellen Gründen nicht zu verwirklichen ist, kann man sich doch Teile davon gönnen wie das Bett mit edler Wäsche beziehen, ein opulentes Frühstück herrichten, ein Wellness-Bad mit feinem Badezusatz nehmen. Und weil man nicht mal eben nach London fliegen kann, um in die Tate Gallery zu gehen, nutzt man die Mittagspause für einen Galeriebesuch vor Ort. Danach setzt man sich nicht nur beschwingter wieder an die Arbeit, sondern hat auch etwas Neues zu erzählen.

Sich engagiert einer besonderen Sache zu widmen, bewusst aus dem Alltagstrott auszubrechen bereichert nicht nur das eigene Leben, sondern zieht auch andere an. Denn viele Menschen bringen dazu nicht die Energie auf oder trauen sich nicht. Umso lieber lassen sie sich von anderen unterhalten und mitreißen, die ihnen Interessantes vermitteln können. Ein Beispiel dafür sind die zahlreichen Magazine, in denen man von dem abenteuerlichen oder glamourösen Leben prominenter Leute erfährt. Wie viel stärker ist der Eindruck, wenn man Interessantes aus erster Quelle erzählt bekommt. Wenn man mitteilt, was einen fasziniert, dann findet fast immer eine Übertragung statt und das Gegenüber fühlt sich inspiriert und beschwingt. Und dieses Gefühl wird dann wiederum mit der erzählenden Person verbunden. Man wird eine faszinierende Persönlichkeit.

Offen sein

Als soziale Wesen sehnen wir uns nach Verbundenheit. Die aber kann nur entstehen, wenn wir offen zueinander sind. Daher ist Offenheit ein Schlüssel zur gegenseitigen Anziehung. Wir fühlen uns denjenigen nahe, die uns etwas über sich mitteilen. Wir erleben sie als ehrlich und authentisch. Noch intensiver wird das Gefühl der Nähe, wenn die Mitteilungen emotionaler Natur sind und uns jemand an seinen Gefühlen teilhaben lässt. So entstehen Beziehungen, Freundschaften und allgemein gute Verbindungen. Mit Offenheit kann man Herzen gewinnen. Um aber gleich einem Missverständnis vorzubeugen: Oft gelten Menschen als offen, die lediglich kontaktfreudig sind. Sie reden über Gott und die Welt, doch was sie tatsächlich bewegt, erfährt man nicht. Im Gegenteil: Sie nutzen ihre Kontaktfähigkeit, um genau das mit viel Lärm um nichts zu verschleiern. Tatsache ist andererseits aber auch, dass Kontaktfreude den Weg zur Offenheit leichter machen kann. Wer nicht mühsam nach Worten suchen muss und gerne auf andere zugeht, der hat schon mal gute Karten. Dabei sind die Extrovertierten zunächst besonders im Vorteil, wie die »Big Five« im Test belegen: Probanden mit einem hohen Wert im Bereich »Extraversion« werden als gesellig und gesprächig beschrieben. Introvertierte Persönlichkeiten erlebt man als zurückhaltend, vorsichtig und nachdenklich. An dieser Grundhaltung lässt sich kaum etwas ändern; besser, man akzeptiert sie gleich: Extrovertierte Persönlichkeiten tragen ihr Herz eher auf der Zunge als introvertierte, die es gerne verstecken. Doch welches Temperament man auch hat: Es bietet lediglich eine mehr oder weniger günstige Rahmenbedingung in Bezug auf Offenheit. Was diese selbst angeht, so ist der Start für alle der gleiche: Man muss sich entscheiden, etwas von sich preiszugeben.

Sich selbst offenbaren

Der Hamburger Psychologe Friedemann Schulz von Thun spricht in seinem Kommunikationsmodell von »Selbstoffenbarung«. Das Wort klingt vielleicht ein wenig nach Seelen-Striptease, trifft aber genau, was mit »Offenheit« im Hinblick auf Charisma gemeint ist. Es geht nicht darum, nette Anekdoten aus dem reichen Erfahrungsschatz zu erzählen, sondern etwas von der eigenen Persönlichkeit preiszugeben. Selbstoffenbarung fördert die Anziehung. Menschen fühlen sich zu denjenigen hingezogen, die ihnen einen Blick in ihr Inneres gestatten. Generell gibt es vieles zu offenbaren: die aktuelle Befindlichkeit, Sehnsüchte, Träume, Ängste. Zukunftspläne und Herzenswünsche. Vergangenheit, Familiengeheimnisse, Sexualität. Das Einkommen, Krankheiten. Schwächen, wunde Punkte. Aber auch, worauf man stolz ist, was man schon alles erreicht hat, was man gar nicht ausstehen kann, wen man beneidet, hasst, bewundert.

Eine Menge Material – aber es ungefiltert der Allgemeinheit weiterzugeben ist wohl für jeden von uns eine Horrorvorstellung. Tatsächlich ist offen zu sein nicht als Kamikaze-Unternehmung gedacht, mit der man seinen guten Ruf zerstört, sein Image beschädigt und seine Umgebung verschreckt. Vielmehr ist es eine Kunst, bei der man bestimmte Regeln beachten muss.

Nicht aus der Rolle fallen

In unserem Leben füllen wir verschiedene Rollen aus. Wir sind etwa Mutter / Vater, Kind, Partner(in), Mitarbeiter(in), Kollege / Kollegin, Vorgesetzte(r), Kunde / Kundin, Selbständige(r), Freund(in), Nachbar(in), Verwandte(r), Vereinsmitglied. Jede Rolle verlangt ein spezielles Verhalten, hat spezifische Themen und einen bestimmten Sprachduktus. Mit geliebten Menschen reden wir anders als mit flüchtigen Bekannten, mit Kollegen anders als mit Kunden. Diese Grenze sollten wir auch in puncto Offenheit nicht überschreiten. Es gibt Themen, die sind für bestimmte Rollen einfach tabu. Mit der besten Freundin darf man gerne Details über die wilde Partynacht austauschen, aber wohl kaum mit dem Chef.

Wenn der am nächsten Morgen auf die Augenringe anspielt, dann erzählt man lieber nicht gähnend, dass schon die Sonne aufging, als man nach Hause kam (es sei denn, er ist selbst ein Partylöwe und Feiern in seinen Augen ein Plus). Ebenso wenig zieht man seine Teenager-Tochter hinsichtlich der eigenen sexuellen Probleme ins Vertrauen.

Die Rolle einzuhalten betrifft nicht nur die Inhalte; es geht auch um die Form, in der man etwas mitteilt. Manche Rolle verlangt, dass wir unsere Offenheit sachlich verpacken, in anderen wiederum dürfen wir uns emotionaler zeigen.

Paula, 48, arbeitete seit zwölf Jahren mit Herzblut und viel Engagement bei einer Zeitschrift. Überraschend kündigte ihr der Chefredakteur in nur fünfzehn Minuten zwischen Tür und Angel. »Sparmaßnahmen«, ließ er Paula wissen. Es täte ihm leid, aber jetzt müsste er zu einem wichtigen Termin. Nach dem ersten Schock fasste sich Paula und teilte ihrem Vorgesetzten offen, aber sachlich mit, dass sie die Form der Kündigung kränkend fand. zu Hause bei ihrem Mann flossen Tränen, denn hier konnte sie sich das erlauben.

In der Psychologie gibt es den Begriff der »selektiven Offenheit«. Er besagt, dass man seine Offenheit nicht wie mit der Gießkanne über alle Personen ausgießt, denen man begegnet, sondern dass man nach folgenden Fragen auswählt:

- Was sage ich wem?
- In welchem Ton?
- Wann ist der beste Zeitpunkt?

Bei der Beantwortung dieser Fragen ist ein Blick auf die jeweilige soziale Rolle ein guter Anhaltspunkt.

Das richtige Maß an Offenheit finden

Zugegeben, es ist gar nicht so einfach, in puncto Offenheit das richtige Maß zu finden. Bleibt man zu allgemein, dann erzielt man keine Wirkung auf den Gesprächspartner. Äußert man jedoch zu schnell Intimes, schreckt man andere ab. Es gilt, die goldene Mitte zu finden.

Nicht zu allgemein sprechen

Eine emotionale Distanz wird im persönlichen Gespräch durch die Verwendung von »man« erzielt. Eine Frau sagt in mitfühlendem Ton: »Du, ich habe gehört, dass Fred euer Projekt jetzt mit jemand anderem macht. Da musst du doch total enttäuscht sein?« Ihr Gesprächspartner erwidert nur: »Da ist man natürlich sauer.« Ende des Austausches. Wenn er darüber hätte reden wollen, wäre die »Ich-Botschaft« angebracht: »Ja, stimmt, das hat *mich* sehr getroffen.«

Allgemeine Äußerungen deuten zwar ein Gefühl oder eine persönliche Meinung an, vermitteln aber zu wenig Offenheit und sind deshalb nicht wirklich geeignet, eine Brücke zum anderen zu schlagen: »Na ja, jeder hat so seine Probleme«, »Schönheit liegt eben im Auge des Betrachters«, »Über Geschmack lässt sich bekanntlich streiten«. Wenn man über den eigenen Schatten springt und das Gefühl hinter der Floskel klar benennt, dann klingt das wie folgt: »Mir geht es im Moment nicht so gut.« Oder: »Ehrlich gesagt, das gefällt mir nicht.«

Nicht zu intim werden

Das Kontrastprogramm zur distanzierten Form ist zu viel Offenheit, ohne dass die Relation dafür stimmt. Die meisten von uns fühlen sich unwohl, wenn man uns Dinge mitteilt, die eigentlich der Psychotherapeutin, dem Hausarzt oder der besten Freundin vorbehalten sein sollten. Es berührt uns peinlich, wenn jemand schon beim Kennenlernen seine traurigen Familienverhältnisse offenbart oder detailliert die Folgen seiner Krampfadern-Operation schildert. Ähnlich ergeht es auch den anderen, wenn wir selbst zu offen sind. Deshalb sollten wir uns trotz großer Sympathie und eines empathischen Gegenübers nicht verführen lassen, zu viel preiszugeben.

Auf einer Wochenend-Fortbildung lernte Sigrid, eine Lehrerin, Barbara, eine Kollegin aus einer anderen Schule, kennen. Man war sich gleich sympathisch und setzte sich am Abend noch zu einem Glas Wein zusammen. Das Gespräch kam auf die Ehemänner, die derzeit als Strohwitwer zu Hause saßen. Sigrid sprach dabei ganz offen über die sexuellen Probleme in ihrer Partnerschaft. Barbara zeigte dafür viel Verständnis. Glücklich ging Sigrid später zu Bett und glaubte, eine neue Freundin gewonnen zu haben. Umso mehr wunderte sie sich, als Barbara sie am nächsten Morgen nur kurz grüßte und die Mittagspause mit anderen verbrachte.

Wer zu schnell zu offen ist, ohne dass dafür eine Vertrauensbasis geschaffen wurde, stößt eher ab, als dass er anziehend wirkt. Daher ist gerade bei neuen Kontakten Zurückhaltung wichtig.

Vertrauen aufbauen

Für physische Nähe hat der US-Psychologe Edward T. Hall Distanzzonen ausgemacht. Dabei handelt es sich um Abstände, die jeder Mensch unbewusst einhält. Die »intime Distanzzone« beträgt 50 Zentimeter. So nah lässt man in der Regel nur Familienmitglieder oder gute Freunde heran, etwa bei einer herzlichen Begrüßung. Auf die intime folgt die »persönliche Distanzzone« mit etwa einem Meter Abstand zwischen den Personen. Sie ist passend für eine Unterhaltung mit Bekannten. Die »soziale Distanz« umfasst etwa zwei bis drei Meter. In dieser Entfernung grüßt man sich, wenn man sich oberflächlich kennt. Diese physischen Distanzzonen lassen sich auf den Offenheitsgrad übertragen: In die »intime Zone« gehören sehr persönliche Themen wie Familiengeheimnisse, Sexualität, große Schwächen, starke Gefühle wie Hass, Neid, Rache, Sehnsüchte, Herzenswünsche oder Träume.

In der »persönlichen Zone« kann man mit guten Bekannten offen über Vorlieben sprechen, etwa welche Filme man mag. Man kann (diplomatisch!) seine persönliche Meinung äußern und von eigenen Erlebnissen erzählen. Auch kleine Schwächen darf man zugeben, wie »Ich kann Schokolade einfach nicht widerstehen, manchmal verputze ich eine ganze Tafel«, ebenso wie Probleme, die viele aus eigener Erfahrung kennen, etwa Schwierigkeiten mit nervenden Nachbarn oder Kindern in der Pubertät.

In der »sozialen Zone« verrät man – falls es überhaupt zum Gespräch kommt – nur wenig Persönliches wie: »Ich bin gerade auf dem Weg zum Bäcker. Freitags hat der immer so köstlichen Butterkuchen.«

Wie in den physischen Distanzzonen ist es ebenso in den psychischen möglich, aus der äußeren Zone allmählich in die innere vorzurücken. Doch das hat seine Gesetzmäßigkeiten. Es braucht Zeit, Wiederholungen und positives Feedback. Jack Schafer, ehemaliger FBI-Agent und Spezialist auf dem Gebiet »Wie man Menschen für sich gewinnt«, schlägt dazu die »Hänsel-und-Gretel-Methode« vor: Im Märchen markieren die Kinder den Weg mit Brotkrumen, um wieder nach Hause zu finden. Ähnlich sollte man die »Brotkrumen« der Selbstoffenbarung kontinuierlich über einen längeren Zeitraum verteilen. Auf diese Weise wachsen Intensität und Nähe in einem gesunden Maße.

Offenheit ist ein Wechselspiel

Man macht also den ersten Schritt und gibt etwas preis, das weder zu allgemein noch zu intim und der jeweiligen Rolle und Situation angemessen ist. Nun ist das Gegenüber dran: Es muss dieser Offenheit mit Empathie, Wohlwollen und Respekt begegnen, denn eine negative Reaktion auf eine aufrichtige Selbstoffenbarung kann das Ende der guten Beziehung bedeuten. Etwa, wenn wir jemandem offen mitteilen, dass sein Verhalten uns verletzt hat, und er dennoch spöttisch entgegnet: »Ich wusste gar nicht, dass du so empfindlich bist.« Wenn man sich persönlich offenbart, der andere sich jedoch nur oberflächlich dazu äußert, gewinnt die Beziehung keine Tiefe.

Die Reaktion des Gegenübers haben wir jedoch nicht in der Hand. Deshalb erfordert Offenheit Mut, denn sie macht uns angreifbar. Doch dieser Mut wird in den meisten Fällen belohnt, indem sich der andere mit einer ähnlichen Offenheit revanchiert. Der Austausch persönlicher Informationen schafft ein Gefühl von Vertrautheit und damit ein gutes Klima für Charisma.

Freundlich sein

Der Politiker starrte in sein Glas Erdbeerpunsch und versuchte mit einem Zahnstocher das letzte Obststück herauszupicken. Um ihn herum standen seine Gastgeber, Parteigenossen, die sich alle Mühe gaben, damit er sich wohlfühlte. Sie offerierten ihm Erdbeerkuchen und eine Schale Früchte mit Sahne. Zunehmend genervt lehnte er die gut gemeinten Angebote ab und warf einen Blick auf die Uhr: noch eineinhalb Stunden, bis sein Zug fuhr. Er wirkte, als wollte er am liebsten flüchten.

So beschreibt ein Journalist eine Szene aus dem Arbeitsalltag eines bekannten Politikers. Dabei hat der Politiker schon einiges für ein freundlicheres Image im Berufsleben getan: Er trägt eine neue, rundere Brille statt des alten kantigen Modells. Außerdem hat er sich einige Sätze angewöhnt, die liebenswürdig klingen sollen. Aber offenbar liegt ihm nicht genug an einer echten Verbesserung seiner zwischenmenschlichen Kontakte. So bezeichnete er einen korpulenten Kollegen schon mal als »dickes, rundes Nichts«. Es verwundert daher nicht, dass dem Mann bisher trotz Fleiß, Kompetenz und Intelligenz nicht der gewünschte Erfolg beschieden war, sondern andere vor ihm befördert wurden, denen er sich im Grunde haushoch überlegen fühlt. Freundlichkeit ist eben mehr als nur ein aufgesetztes Lächeln oder ein paar nette Floskeln à la »Wie schön, Sie zu sehen«. Sie ist eine Grundhaltung des Wohlwollens.

Souverän freundlich sein

Man darf Freundlichkeit nicht als permanentes »Nettsein« missverstehen. Viele Menschen sind zum Beispiel nur deshalb immer freundlich, weil sie Angst vor Ablehnung haben. Sie wollen gemocht werden und glauben, mit einer gewissen Selbstaufgabe könnten sie das erreichen. Also lächeln sie, auch wenn man sie verletzt. Sie stimmen höflich zu, obwohl sie anderer Meinung sind. Sie stellen ihre eigenen Bedürfnisse hinter die der anderen zurück. Heraus kommt dabei etwas, das sich mit dem saloppen Ausspruch charakterisieren lässt: »Everybody's Darling is everybody's Depp.« Klingt hart, trifft aber zu. Ängstliche Anpassung hat mit Charisma wenig zu tun.

Ob jemand nur freundlich ist, weil er sich Zuwendung wünscht, oder ob es einer bewussten Einstellung entspringt, lässt sich von außen schwer beurteilen. Doch kann man das schnell selbst klären. Man muss sich dazu nur diese Frage beantworten: Was ist mein Motiv? Will ich gefallen und nehme ich mich deshalb selbst zurück?

Wirklich freundliche Menschen berücksichtigen gleichberechtigt beide Teile des Gebotes der Nächstenliebe: »Liebe deinen Nächsten wie dich selbst.« Sie vertreten klar und deutlich ihre eigenen Interessen und sind gleichzeitig in der Lage, Grenzen zu setzen. Nur tun sie das niemals mit ausgefahrenen Ellenbogen und schroffem Verhalten. Weil es sich bei ihrer Freundlichkeit um eine grundsätzliche Haltung handelt, bleiben sie sogar dann dabei, wenn sie angegriffen werden, wie in der folgenden Anekdote.

Ein Mitglied des englischen Oberhauses wurde im Club von einem politischen Kontrahenten übel beschimpft. Statt verbal auf gleiche Weise zurückzuschlagen, behielt der Lord trotz aller Entschiedenheit seinen freundlichen Ton bei. Als er anschließend gefragt wurde, warum er denn auf die Beleidigung nicht ebenso scharf reagiert hätte, erwiderte er: »Ich lasse mir doch mein Verhalten nicht vom schlechten Benehmen eines anderen diktieren.«

Es geht nicht darum, zum dauerlächelnden Opfer zu mutieren, sondern eine souveräne Freundlichkeit zu entwickeln, weil man dadurch die Oberhand behält.

Sich freundlich und kooperativ verhalten

»Be a person people like to work with.« – »Sei jemand, mit dem andere gerne zusammen arbeiten.« Wie wichtig dieser Rat ist, wurde mir besonders klar, als ich für eine Samstagabend-Liveshow den »Großen Partnerschaftstest« entwickelt hatte und ihn zusammen mit Jörg Pilawa moderieren sollte. Die Vorbereitung für die Sendung dauerte drei Tage. Die Liste des Mitarbeiterstabes umfasste sechs Seiten, vom Regisseur über die Spiele-Techniker, Licht-Designer, Requisite, Masken- und Kostümbildnerinnen bis hin zur Kabelhilfe. Kaum einer war fest angestellt, fast alle waren speziell für dieses Projekt gebucht worden. Dennoch habe ich selten so ein freundliches Team erlebt: Wenn jemand etwas Gutes zustande gebracht hatte, wurde großzügig Lob verteilt. Gab es Schwierigkeiten, beschwerte sich niemand, sondern jeder überlegte, wie man das Problem am besten lösen konnte. Kurz vor der Übertragung wünschten mir alle viel Glück. Im Nachhinein wurde mir klar, warum sich alle so freundlich und kooperativ verhielten: Zum einen funktionierte auf diese Weise das komplizierte Zusammenspiel des Teams reibungslos, zum anderen wurden mit Sicherheit nur diejenigen für das nächste Projekt wieder gebucht, mit denen das Arbeiten angenehm war.

Freundlichkeit ist ein wichtiger Faktor, wenn wir privat oder beruflich auf andere so anziehend wirken wollen, dass sie gerne mit uns Kontakt pflegen.

Nie auf Freundlichkeit verzichten

Oft sieht es so aus, als könnten sich Menschen in Machtpositionen erlauben, auf Freundlichkeit zu verzichten. Als könnten sie sich ungestraft launisch und arrogant verhalten, andere anbrüllen und herumscheuchen, demütigen und fertigmachen. Das funktioniert aber nur, solange sie sich in ihrer überlegenen Position befinden. Sobald sie die äußeren Zeichen ihrer Stärke verlieren, fallen sie tief. Plötzlich sind sie einsam, weil niemand mit ihnen Kontakt halten will. Das musste schon so manche Lehrerin oder Politikerin, mancher Journalist oder Manager erfahren.

Vor Jahren schrieb ich eine Artikelserie zu psychologischen Themen für eine Zeitschrift. Die dafür zuständige Ressortleiterin zeichnete sich nicht gerade durch Verbindlichkeit aus und behandelte ihre Mitarbeiterinnen ziemlich barsch. Das bekam ich ebenfalls zu spüren. Wenig später wurde ihr gekündigt, und sie musste sich auf dem freien Markt mit verschiedenen Projekten über Wasser halten. Eines Tages brauchte sie einen Experten-Kommentar und rief mich an. Erstaunt hörte ich, wie sie mich am Telefon in ihrem üblichen Befehlston anbellte, ich solle ihr so schnell wie möglich ein Interview geben. Doch plötzlich wurde ihr wohl bewusst, dass sich die Verhältnisse geändert hatten und sie nicht mehr Ressortleiterin mit einem großen Blatt im Hintergrund war, sondern jemand, der sich mit einer Bitte an mich gewandt hatte. Mitten im Satz schlug ihre Stimme um und klang sanft und liebenswürdig. Aus der forschen Anweisung wurde eine höfliche Anfrage.

Zu jedem freundlich sein

Es ist selbstverständlich, freundlich zu jemandem zu sein, von dem man etwas will oder von dem man abhängig ist, wie etwa zu dem Banker, von dem man einen Kredit möchte, oder zu der Lehrerin des eigenen Kindes, mit der man vermutlich noch viele Jahre auskommen muss.

Ebenso ist es klug, Menschen liebenswürdig zu behandeln, mit denen man häufig zu tun hat, seien es der Partner, die Kollegen oder die Nachbarn. Weniger selbstverständlich ist es, zu Personen freundlich zu sein, die man nicht kennt und die man wahrscheinlich auch in Zukunft nicht mehr treffen wird, wie Taxifahrer oder Paketzusteller.

Man sollte sich bemühen, zu allen Menschen, mit denen man zu tun hat, gleichermaßen freundlich zu sein. Schließlich weiß man nie, wo und wann das wieder zu einem zurückkommt. Ein jüdisches Sprichwort sagt: »Ein freundliches Wort, das heute vom Baume fällt, kann morgen Früchte tragen.« Nach dieser Maxime verhalten sich auch Linda Kaplan Thaler und Robin Koval, Managerinnen einer führenden US-Werbeagentur mit Milliarden-Umsatz. Sie schwören auf »The power of nice«. Viele große Aufträge haben sie nur deshalb an Land gezogen, weil sie früher zu jemandem freundlich gewesen waren, der später unerwartet in eine wichtige geschäftliche Position rückte und sie in guter Erinnerung hatte. Sie beschreiben ihre Haltung folgendermaßen: »Sie sollten jeden, den Sie treffen, so behandeln, als ob er der wichtigste Mensch auf Erden wäre – weil er das ist. Wenn nicht für Sie, dann für jemanden anderen; und wenn nicht heute, dann vielleicht morgen.«

Freundlichkeit trainieren

Glück haben diejenigen, denen Freundlichkeit im Sinne der »Big Five« in die Wiege gelegt wurde. Dank ihres hohen Wertes in puncto Verbindlichkeit brauchen sie nur ihrem Naturell zu folgen. Doch die meisten von uns müssen Freundlichkeit trainieren. Wie im Sport muss der Freundlichkeitsmuskel täglich benutzt werden, damit er wächst und das Verhalten zur Routine wird. Hierfür können wir jeden Tag (mindestens) eine freundliche Geste machen, von der wir nicht unmittelbar profitieren, wie etwa zuerst zu grüßen, etwas mitzubringen, Smalltalk zu halten. Je öfter wir Freundlichkeit zeigen, desto selbstverständlicher wird sie, desto weniger müssen wir uns selbst dazu überreden – sie wird zur zweiten Natur. Das Positive ist: Wer freundlich ist, tut sich damit in erster Linie selbst etwas Gutes. Aggressive, wütende, unwirsche Worte treffen nämlich nicht nur andere, sondern zuerst einmal uns selbst. Sie wirken unmittelbar auf Körper und Geist. Stresshormone werden ausgeschüttet, wir verspannen uns. Das nimmt das Gegenüber auf und reagiert entsprechend. Angenehme Wirkung? Gleich null. Ganz anders ist es, wenn wir freundlich sind. Durch positive Worte und ein Lächeln sind wir entspannt und strahlen das auch aus.

Großzügig sein

Großzügigkeit ist ein weiteres zusätzliches Plus für das Charisma. Indem wir großzügig sind, handeln wir aus einem Bewusstsein von Fülle und Überfluss, selbst wenn wir nicht mit materiellen Gütern gesegnet sind. Wir können es uns leisten, etwas weiterzugeben, weil wir wissen: Es ist genug für alle da. Wir müssen nicht egozentrisch nur an uns denken und kleinlich darauf achten, dass wir nicht zu kurz kommen. In diesen Zusammenhang passt auch folgende Geschichte: Ein Rabbi kommt zu Gott und bittet ihn: »Herr, ich möchte gerne die Hölle und den Himmel sehen.« – »Das sei dir gewährt«, spricht der Schöpfer, »der Prophet Elia wird dir beides zeigen.« Elia nimmt den Rabbi an die Hand und führt ihn in einen großen Raum, in dem sich Männer und Frauen mit langen Löffeln in der Hand befinden. Auf dem Tisch steht ein Topf mit einer köstlichen Suppe. Trotzdem sind die Menschen mager und elend. Der Rabbi erkennt sofort, warum: Die Griffe der Löffel, mit denen sie die Suppe essen sollen, sind zu lang. Verzweifelt versuchen sie, das Essen zum Mund zu führen, aber es gelingt ihnen nicht. Deshalb leiden sie schrecklichen Hunger. Beim Hinausgehen erkundigt sich der Rabbi schaudernd, was das denn für ein Raum sei. »Das ist die Hölle«, antwortet Elia.

Sie betreten einen zweiten Raum, in dem es genau wie im ersten aussieht: Auch hier sitzen Menschen mit langstieligen Löffeln um einen Tisch vor einem Suppentopf. Doch sie sehen glücklich und wohlgenährt aus. Den Rabbi erstaunt dieser Kontrast. Aber als er genau hinschaut, sieht er den Grund: Jeder benutzt seinen Löffel, um einen anderen zu füttern. Da weiß der Rabbi, dass er sich im Himmel befindet.

Großzügigkeit im Alltag

Generosität zeigt sich auf verschiedenen Gebieten; allerdings ist sie inzwischen ziemlich selten geworden. Der *Zeit*-Autor Harald Martenstein schreibt in einer seiner Kolumnen: »Ich frage mich, wo die Großzügigkeit geblieben ist. Großzügigkeit im Alltag ist heute ähnlich gefährdet wie die Regenwälder.« Mit Großzügigkeit erhöht man seine charismatische Wirkung, gerade weil man sich damit von vielen abhebt, die kleinlich auf ihren Vorteil achten oder strikt auf ihrem Recht bestehen. Schauen wir uns doch einmal die Bereiche an, in denen Großzügigkeit besonders gefragt ist.

Großzügig beim Bezahlen

Vermutlich fällt den meisten beim Stichwort Großzügigkeit erst einmal Geldausgeben ein. Kein Wunder, denn daran kann man besonders gut ablesen, ob jemand spendabel oder ein Geizkragen ist. In dieser Hinsicht ist für mich das Erste-Klasse-Abteil der Bundesbahn immer ein aufschlussreiches Studienfeld. Ein Becher Kaffee, der am Platz serviert wird, kostet 2,90 €. Es gibt Reisende, die lassen sich die 10 Cent exakt herausgeben. Andere sagen generös »Stimmt so«, wenn sie drei Euro passend haben. Und dann gibt es diejenigen, die noch etwas drauflegen, wie sie es auch in einem Café tun würden.

Es kommt nicht darauf an, mit Geld um sich zu werfen, um großzügig zu wirken; sonst könnten nur diejenigen Charisma-Punkte sammeln, die finanziell gut gestellt sind. Es geht vielmehr darum, mit den möglichen Mitteln großzügig zu sein. Dazu gehört, dass man sich eine kleine Summe, die man jemandem etwa für ein Getränk ausgelegt hat, nicht unbedingt wiedergeben lässt. Oder dass man ein Auge zudrückt, wenn nach dem Abendessen im Restaurant die Rechnung durch zwei geteilt wird, selbst wenn der Gesprächspartner ein Glas Wein mehr getrunken hat als man selbst. Auf die Geste kommt es an.

Großzügig in kleinen Dingen sein

Freitagabend im Supermarkt. Ich warte nur mit einer Tüte Milch in der Hand in einer langen Warteschlange an der Kasse. Vor mir legt ein älterer Herr seinen umfangreichen Wageninhalt aufs Band, als er sich zufällig umdreht und freundlich sagt: »Ach, Sie haben nur das? Dann gehen Sie mal vor.« Es sind solche kleinen Großzügigkeiten, die eine gute Stimmung verbreiten, bei uns selbst und anderen. Jemandem den Vortritt zu lassen, obwohl man an der Reihe wäre. Etwas zu verschenken, wenn jemand gar nicht damit rechnet. Wie die Bäckerin, die zu den Brötchen noch ungefragt ein Kuchenstück in die Tüte legt. Oder die Frau auf dem Flohmarkt, die dem kleinen Jungen, der gerade überlegt, ob sein Taschengeld für das Spielzeug reicht, es ihm schenkt.

Großzügigkeit im Kleinen zeigt sich übrigens auch darin, dass man sich nicht unbedingt durchsetzen muss. Bei Diskussionen vertreten manche Teilnehmer vehement ihre Meinung, indem sie andere lautstark unterbrechen und niederreden. Ihnen scheint nicht klar zu sein, wie viel Charisma sie dadurch verlieren. Das kann auch passieren, wenn man in einem Streit zu sehr davon überzeugt ist, im Recht zu sein. Dann kämpft man, als ginge es um Leben und Tod, egal, wie banal die Ursache ist. Carl Whitaker, ein bekannter Psychotherapeut, fragte Paare, die sich wütend darüber in die Haare kriegten, wer eigentlich schuld an der Ehekrise ist: »Wollen Sie recht haben oder wollen Sie glücklich sein?« Für unsere Zwecke lässt sich das auch so formulieren: »Wollen Sie großzügig sein und damit Ihr Charisma verstärken? Oder wollen Sie lieber recht behalten?«

Großzügig Wissen teilen

Um hier gleich einem möglichen Missverständnis vorzubeugen: Natürlich sollen wir nicht mühsam erworbene Kenntnisse, die uns im Beruf oder privat einen Wettbewerbsvorteil verschaffen, einfach so unter die Leute bringen. Coca-Cola gibt seine Herstellungsformel schließlich auch nicht preis. Aber ängstlich Informationen für sich zu behalten ist keine gute Einstellung für eine charismatische Ausstrahlung. Jemand mit Charisma weiß, dass er es sich leisten kann, seine Kenntnisse großzügig mit anderen zu teilen, und tut es gern. Und der zusätzliche Bonus: Wissen wächst durch Austausch, denn so erfährt man selbst wieder Neues und Wichtiges.

Großzügig Kontakte vermitteln

Einer Freundin die Adresse einer guten Masseurin weiterzugeben, seinen Zahnarzt zu empfehlen oder die Visitenkarte vom Friseur weiterzureichen, das sollte Standard sein. Ein bisschen mehr bedeutet es, wenn man der Tochter von Bekannten einen Praktikumsplatz vermittelt oder für einen Freund nach einem Arbeitsplatz fragt. Je mehr Engagement man zeigt, desto mehr gewinnt man. Ganz besonders gilt das im Job. Außerdem zeugt es auch von großer Souveränität, sich für andere einzusetzen, die die gleiche Tätigkeit ausüben wie man selbst. Es beweist, dass man keine Angst vor Konkurrenz hat. Warum auch? Man ist schließlich davon überzeugt, dass man einmalig ist und nicht ohne weiteres kopiert werden kann.

Vor einigen Wochen besuchte mich eine Kollegin. Sie schreibt genau wie ich Bücher und hält Vorträge, allerdings zu Themen aus der Wirtschaft, und ist damit sehr erfolgreich. Wir unterhielten uns unter anderem darüber, bei welchen Veranstaltungen wir gerne auftreten würden. Wenig später mailte sie mir eine umfangreiche Liste interessanter Firmenkontakte, mit denen sie bei Vorträgen gute Erfahrungen gemacht hatte. Ich war beeindruckt. Besonders weil ich bisher erlebt hatte, dass sich andere Referentinnen mit Vermittlungen äußerst bedeckt hielten, selbst wenn sich inhaltlich gar keine Konkurrenz ergeben würde. Ich muss nicht betonen, dass diese Kollegin eine attraktive, charismatische Frau ist.

Großzügigkeit des Herzens

Eine besondere Art der Großzügigkeit ist die Großmut. Der Begriff hat für mich etwas Königliches. Tatsächlich findet man als Synonyme für Großmut »nobles Verhalten«, »Edelmut«, »Toleranz«. Gewiss steckt von alledem etwas darin. Am häufigsten aber kommt Großmut in Zusammenhang mit dem Verzeihen vor. Sie ist in diesem Sinne auch eine Facette von Charisma. Es bedeutet, dass man über die Fehler anderer hinwegsieht und sich nicht weiter an ihnen aufreibt, vor allem nicht an denen, die uns geschadet haben.

Großmütig verzeihen

Beim Verzeihen geht es weniger darum, ein guter Mensch zu sein, sondern sich selbst von Ballast zu befreien. Wenn wir gekränkt oder wütend sind, dann schadet das dem Verursacher nicht im Mindesten, wohl aber uns. In *unserem* Körper werden Stresshormone ausgeschüttet, *unsere* Stimmung ist im Keller, *unsere* Gedanken sind negativ gefärbt.

Es gibt zahlreiche Varianten, jemandem nicht zu verzeihen und damit an einer vergangenen Geschichte festzuhalten: Man bekommt jedes Mal schlechte Laune, wenn der Name fällt oder man die Person sieht. Man redet abfällig über sie und versucht ihr zu schaden. Im Tagtraum schmiedet man die wildesten Rachepläne, oder man nimmt sich vor, es diesem Menschen demnächst so richtig zu zeigen. Solange die Erinnerung noch mit heftigen Emotionen besetzt ist, ist man nicht wirklich unabhängig. Dagegen ist Verzeihen das beste Heilmittel. Allerdings bedeutet das keineswegs, dass damit alles »vergeben und vergessen« ist. Vielmehr handelt es sich um ein inneres Loslassen. Zwar bleibt die Erinnerung bestehen, doch die belastenden Gefühle intensiver Wut, Angst oder Bitterkeit werden am Ende aufgelöst. Um das zu erreichen, gibt es hilfreiche Methoden. Besonders geeignet ist die Technik des »leeren Stuhls«, die häufig in der Gestalttherapie benutzt wird.

- Setzen Sie sich auf einen Stuhl und stellen Sie einen zweiten in einem für Sie angenehmen Abstand vor sich. In der Phantasie lassen Sie nun die Person darauf Platz nehmen, von deren Verhalten Sie innerlich loskommen möchten. Dazu malen Sie sich aus, welche Kleidung sie trägt, in welcher Körperhaltung sie sitzt und wie sie Sie anschaut.
- Jetzt sprechen Sie laut und ohne Zensur die Dinge aus, die Sie der Person schon immer sagen wollten. Dabei spüren Sie in sich hinein, was an Schmerz, Wut oder Kränkung noch in Ihnen steckt, und drücken auch das aus. Sie dürfen weinen, schimpfen, fluchen. Raus damit!
- Danach sagen Sie laut und deutlich: »Ich verzeihe dir und wünsche dir alles Gute für dein weiteres Leben.«

Wenn man diese Übung zum ersten Mal macht, wird der Satz »Ich verzeihe dir und wünsche dir alles Gute für dein weiteres Leben« sicher eher ein Lippenbekenntnis sein, als dass man damit eine tatsächliche Empfindung ausdrückt. Im Grunde möchte man den anderen gar nicht so einfach aus der Verantwortung entlassen. Viel lieber sähe man, dass er endlich reuevoll zugibt, was er einem angetan hat. Oder dass es ihm so richtig mies geht und er auch einmal erlebt, was Schmerz oder Kränkung bedeuten. Verständlich, aber es dient unserem Wohlgefühl, darauf zu verzichten und sich geistig von der Tat des anderen zu befreien. Deshalb sollte man nicht aufgeben und die Übung regelmäßig so lange wiederholen, bis man innerlich wirklich spürt: »Jetzt bin ich damit durch. Ich habe endgültig losgelassen.« Es liegt auf der Hand, dass man wesentlich charismatischer wirkt, wenn man nicht verbittert an alten Geschichten hängt.

Großmütig gönnen können

»Man muss auch gönnen können.« Eine wunderbar lässige Aussage, die dazu auffordert, nicht neidisch oder missgünstig zu sein. Aber jemandem etwas großmütig zu gönnen ist manchmal genauso schwer wie zu vergeben. Umso mehr, wenn der andere etwas besitzt, was man sich selbst schon lange wünscht.

Astrid, 48, Finanzbeamtin, ist seit fünf Jahren geschieden. Seitdem lebt sie ungewollt allein. Eine Leidensgenossin war bisher ihre Freundin Dorit, die ebenso wie sie gerne einen Partner gehabt hätte. Und dann passierte es: Dorit lernte auf einer Fortbildung einen netten Kollegen kennen und ist seitdem nicht mehr solo. Astrid hat für den Mann nur abfällige Bemerkungen übrig: »Was will sie denn mit dem? Der ist doch total steif. Und wie der sich anzieht! Diese braune Cordhose und das Holzfällerhemd, furchtbar.« Man merkt, dass Astrid die Missgunst aus allen Knopflöchern quillt.

Neidattacken lassen sich kaum verhindern, doch man ist dem Neid keineswegs hilflos ausgeliefert. Als denkende Wesen können wir gegensteuern. Und das sollten wir auch unbedingt tun! Neid ist nämlich Gift für das Charisma, weil er das Selbstwertgefühl verringert: »Dem anderen gelingt das – mir nicht. Er kriegt das – ich nicht.« Wir haben wenig Hoffnung, so etwas auch zu erreichen, und deshalb blicken wir zornig oder gekränkt auf diejenigen, die scheinbar vom Glück begünstigt sind. Hier hilft es, das destruktive Gefühl in ein stimulierendes zu verwandeln, indem wir uns motivieren: »Wollen wir doch mal sehen, ob ich das nicht auch (hin-) kriege!«

Ein sehr wirkungsvolles Mittel gegen Neid ist es auch, den Blick statt auf einen Ausschnitt auf das Ganze zu richten. Man macht leicht den Fehler, sich nur auf das zu konzentrieren, was die beneidete Person einem voraushat. Das können etwa eine einflussreiche Familie, ein dickes Bankkonto, wohlgeratene Kinder oder beruflicher Erfolg sein, ebenso wie eine Traumwohnung oder die Möglichkeit, viel zu reisen. Dabei lässt man dann alles außer Acht, was im Leben des anderen nicht so wunderbar ist. Angenommen, wir könnten bekommen, worum wir diesen Menschen beneiden. Allerdings wäre die Bedingung dafür, dass wir *alles* von ihm übernehmen. Mal ehrlich, würden wir das dann auch noch wollen? Mir ist bisher noch niemand begegnet, der diesem Handel freudig zustimmen würde. Tatsächlich wäre es wohl in vielen Fällen kein so idealer Tausch. Den langweiligen Mann der Freundin, die wir um ihren luxuriösen Lebensstil beneiden, möchten wir nicht geschenkt haben. Die steile Karriere der Kollegin würden wir zwar schon gerne haben, aber auf ihre vielen Überstunden und anstrengenden Fortbildungswochenenden können wir verzichten. Die guten Kontakte der Bekannten sind sicher interessant, nicht aber ihre häufigen Migräneanfälle. Mit diesem mentalen Trick kann es uns gelingen, jemandem sein Glück zu gönnen und damit unser Charisma auch in dieser Hinsicht zu stärken.

Erotische Ausstrahlung durch Charisma

Wohl niemand wird bestreiten, dass charismatische Menschen auch erotische Anziehungskraft besitzen. Die Rede ist nicht von denjenigen, die ihre »Gnadengabe« bewusst zur Verführung einsetzen, sondern von einem meist unbewussten, unterschwellig mitschwingenden Aspekt. Wenn man Erotik nicht eng und einseitig als Vorstufe zum sexuellen Akt interpretiert, stellt man fest, dass sie in fast jede Begegnung positiv hineinspielt. Das gilt für Frauen wie für Männer. Eine erotische Ausstrahlung kann andere beflügeln und Energien freisetzen. Grund genug, sie einmal vorurteilslos für die eigene Persönlichkeit zu betrachten.

Das erotische Kapital der Frauen

Vor einigen Jahren schockte ein Buchtitel die emanzipierte Frauenwelt: *Erotisches Kapital*. Ging es vielleicht um so genannte Goldgräberinnen, die sich mit Sexkünsten Millionäre angeln? Oder um Zuhälter, die mit Prostituierten ihr Geld machen? Ganz im Gegenteil: Die Autorin Dr. Catherine Hakim, Soziologin an der London School of Economics, befasst sich als international anerkannte Wissenschaftlerin mit Frauen in der Arbeitswelt sowie mit Familien- und Sozialpolitik. In diesem Zusammenhang hat sie eine Qualität entdeckt, die unterschwellig seit eh und je eine Rolle spielt, als wertvolles Persönlichkeitsmerkmal bisher aber noch nicht in den Fokus der allgemeinen Aufmerksamkeit gerückt ist: weibliche Attraktivität. Deren Elemente sind ein ansprechendes Äußeres, Temperament, Charme, typgerechte Kleidung und soziale Kompetenz. Auch sexuelle Kompetenz zählt dazu, doch die bleibt intimen Beziehungen vorbehalten. Diese Kombination aus Eigenschaften nennt Hakim in Anlehnung an den bekannten Begriff »soziales Kapital« ebenso sachlich »erotisches Kapital«. Nach ihrer Ansicht haben Frauen mit diesem Pfund bisher viel zu wenig gewuchert. Anstatt es selbstbewusst für berufliche und private Ziele einzusetzen, lassen sie zu, dass es als Unterwerfung im Sinne vermeintlich männlicher Vorstellungen abgewertet wird. Für Hakim nimmt eine unheilige Allianz aus Patriarchat und radikalem Feminismus Frauen die Freiheit, ihr erotisches Kapital unbefangen zu nutzen.

So politisch unkorrekt sie auch klingen mag, die Sichtweise von Catherine Hakim ist interessant. Schließlich bedeutet sie nicht, dass Frauen mit Dekolleté und Minirock verführen, auch nicht, dass sie sich »hochschlafen« oder das hilflose Weibchen geben. Es geht darum, die weibliche Attraktivität selbstbewusst anzunehmen, anstatt sie verschämt zu verstecken. Was bei einer Frau attraktiv wirkt, ist allerdings nicht genormt. Vielleicht ist sie eine gute Zuhörerin, eine verträumte Künstlerin, eine extravagante Provokateurin oder eine witzige Entertainerin. Jede Frau hat ihr eigenes erotisches Charisma, das es für sie zu entdecken gilt. Der gemeinsame Nenner für alle ist, dass sie zu ihrer Weiblichkeit stehen.

Das erotische Kapital der Männer

Männer besitzen ebenfalls »erotisches Kapital«. Teilweise handelt es sich dabei um die gleichen Eigenschaften, die auch die Anziehungskraft von Frauen ausmachen, wie Charme und soziale Kompetenz. Wie beim weiblichen Geschlecht ist gutes Aussehen zwar ein Plus, aber kein Muss. Auch äußerlich unattraktive Männer können mit Charisma erotisch wirken. Dafür gibt es seit jeher prominente Beispiele: Carlo Ponti, klein und mit Halbglatze, war die große Liebe von Sophia Loren, und der objektiv nicht hübsche Serge Gainsbourg beeindruckte Brigitte Bardot und Jane Birkin.

Das erotische Kapital von Männern entfaltet sich vor allem in ihrem Verhalten. Für manche Frauen ist es attraktiv, wenn Männer Gefühle zeigen und sich nicht scheuen, auch mal zu weinen, Verzweiflung oder Hilflosigkeit auszudrücken. Das rührt an ihre mütterlichen Instinkte. Und wer liebt es nicht, gebraucht zu werden oder die eine zu sein, der man(n) sich anvertraut? Gelegentliche Schwäche darf man jedoch nicht mit Schwächlichkeit verwechseln. Diese Männer sind keine Jammerlappen. Wenn es darauf ankommt, übernehmen sie durchaus Verantwortung.

Eine weitere Variante sind die »Bad Boys«. Sie haben einen schlechten Ruf und sind gerade deshalb besonders anziehend.

Ihre scheinbare Unabhängigkeit weckt in Frauen den Ehrgeiz, sie zu zähmen.

Das sind nur zwei von vielen möglichen Erscheinungsformen. Insgesamt hängt die erotische Ausstrahlung der Männer wie auch bei den Frauen von ihrer Persönlichkeit ab. Das Spektrum reicht vom Sonnyboy über den interessanten Intellektuellen bis hin zum guten Freund.

Für beide Geschlechter lohnt es sich, darüber nachzudenken: Was macht meine erotische Attraktivität aus? Womit kann ich punkten? Um dem auf die Spur zu kommen, habe ich einen Test entwickelt, mit dem man schnell und unterhaltsam sein spezielles erotisches Charisma herausfinden kann. Der Test entlarvt zwar vordergründig die Wirkung auf das andere Geschlecht, zeigt aber darüber hinaus auch eine generelle Stärke im Umgang mit anderen Menschen.

Test: Wo liegt mein erotisches Kapital?

Versetzen Sie sich mit etwas Phantasie in die vorgegebenen Situationen. Kreuzen Sie dann bitte die Antwort an, die am ehesten auf Sie zutrifft.

Frage 1

Den Job wollen Sie haben. Wie beeindrucken Sie beim Vorstellungsgespräch?

- Sie sind top auf sämtliche Fangfragen vorbereitet. **(D)**
- Sie vermitteln, dass Sie sich intensiv für das Wohl der Firma einsetzen werden. **(C)**

- Die Konkurrenz kleidet sich gediegen – Sie punkten mit Lässigkeit. **(A)**
- Sie haben sich im Internet über die Firma informiert und glänzen mit Insiderwissen. **(B)**

Frage 2

Sie schreiben das Drehbuch für einen Liebesfilm.

Welche Szene kommt wohl am ehesten darin vor?

- Sylvia zog ganz langsam ihre schwarzen Handschuhe aus und sah Marc dabei an. In seinen Augen las sie Begehren. Sie wusste, dass er die Symbolik verstand. **(B)**
- »Sie haben also in Harvard studiert?«, sagte Pia mit einem leichten Lächeln zu Charles, dem gut aussehenden Neuen in der Abteilung. »Dann können Sie ja sicher auch die Kaffeemaschine bedienen.« **(A)**
- Lisa strahlte Nils an. »Komm, wir fahren einfach los. Vielleicht ist meine Tante zu Hause. Die macht einen leckeren Apfelkuchen.« Nils griff nach den Autoschlüsseln. »Also, dann auf zum See.« **(C)**
- Carolin klappte ihr Notebook zu. »So stelle ich mir die Konzeption vor. Was meinen Sie?« Jan hatte nicht zugehört. Er sah nur auf ihren schönen Mund. **(D)**

Frage 3

Nobody is perfect. Würden Sie gerne ...

- disziplinierter sein? **(C)**
- mehr aus sich herauskommen? **(D)**
- lernen, auch mal Nein zu sagen? **(B)**
- sich diplomatischer äußern? **(A)**

Frage 4

Einmal im Fernsehen der Star des Abends sein. In welcher Situation wären Sie es am liebsten?

- Sie sind Gast in einer Talkshow. Der Moderator versucht Sie bei einer Schwäche zu erwischen. Sie kontern so brillant und witzig, dass er am Ende alt aussieht. **(A)**
- Auf einer Benefizgala zu Gunsten bedürftiger Kinder bringen Sie Sponsoren dazu, Millionen zu spenden. Für die Zuschauer sind Sie die Königin der Herzen / der Held des Abends. **(B)**
- Im TV-Quiz sind Sie völlig entspannt und wissen einfach alles. Vor dem Bildschirm sitzt Ihre komplette Firma und Familie und fiebert mit. **(D)**
- Sie haben eine Gastrolle in einer Fernsehserie. Obwohl Sie nie Schauspielunterricht hatten, spielen Sie überzeugend. Die Kritiker sind von Ihrem natürlichen Talent begeistert. **(C)**

Frage 5

In der Flirtschule vermittelt man Ihnen ein paar wirkungsvolle Taktiken. Welche würden Sie am ehesten ausprobieren?

- Seien Sie interessant. Geben Sie sich geheimnisvoll und schwer zu durchschauen. **(D)**
- Passen Sie sich den Vorlieben Ihres Gegenübers an. So erlangen Sie sein Vertrauen. **(C)**
- Ignorieren Sie bewusst das Objekt Ihrer Begierde und flirten Sie mit jemandem in seiner Nähe. **(A)**
- Hören Sie aufmerksam zu und werfen Sie immer wieder ein bewunderndes »Nein, wirklich?« ein. **(B)**

Frage 6

Vier Männer unterhalten sich darüber, was eine Frau für sie anziehend macht. Welchen verstehen Sie am besten?

- »Mit einer Romantikerin könnte ich nichts anfangen. Ich liebe bei einer Frau die Herausforderung.« **(A)**
- »Ich steh auf intelligente Frauen. Dieser Typ, der dich mit diesem gewissen Blick schachmatt setzt – für mich umwerfend.« **(D)**
- »Das Äußere ist mir nicht so wichtig. Ich mag Frauen mit Herz und Seele. Ach ja, und Treue ist bei mir ein absolutes Muss.« **(B)**
- »Ich kann komplizierte Ladys nicht leiden. Für mich ist eine Frau toll, die den gleichen Humor hat wie ich.« **(C)**

Frage 7

Nach dem ersten Date bekommen Sie eine SMS. Über welche freuen Sie sich am meisten?

- »Ich habe mich mit dir unglaublich gut gefühlt.« **(C)**
- »Es war, als ob wir uns schon ewig kennen.« **(B)**
- »Hey, du hast mich an der Angel.« **(A)**
- »Und ich dachte, du bist kühl!« **(D)**

Auswertung

Zählen Sie zusammen, wie oft Sie A, B, C und D angekreuzt haben. Ihre Auflösung finden Sie dann unter dem Buchstaben, den Sie am häufigsten gewählt haben. Sind mehrere gleich oft vorhanden, lesen Sie bitte zunächst Auflösung E.

(A) Ihr erotisches Kapital: Herausforderung

Sie tun und sagen nicht unbedingt, was man von Ihnen erwartet, sondern reagieren überraschend. Gut so! Das erhöht den Adrenalinspiegel Ihres Gegenübers, macht es hellwach und aufmerksam. Ihr Reiz im wahrsten Sinne des Wortes besteht darin, dass Sie mit einer gewissen Respektlosigkeit provozieren.

So nutzen Sie Ihr Kapital:

Schwimmen Sie ruhig mal gegen den Strom. Wenn alle loben, äußern Sie sich ein wenig kritisch und umgekehrt. Sie trauen sich nicht? Dann probieren Sie es erst einmal bei jemandem aus, der Sie nicht so brennend interessiert. Achten Sie auf die Reaktion. Prickelnd wie Champagner? Weitermachen.

Hier sollten Sie sparen:

Erotische Provokation ist Florettfechten, kein Gemetzel mit dem Holzhammer. Also bitte mit Fingerspitzengefühl, sonst fühlt sich Ihr Gegenüber eher gekränkt als angeregt. Niemals Schwächen aufs Korn nehmen, für die niemand verantwortlich ist.

(B) Ihr erotisches Kapital: Sensibilität

Sie spüren intuitiv, was Ihr Gegenüber gerade braucht. Lob? Unterstützung? Zuwendung? Sie verteilen Ihre guten Gaben mit einem charmanten Lächeln. Kein Wunder, dass sie dankbar angenommen werden. Außerdem verstehen Sie es bestens, ein romantisches Ambiente zu zaubern.

So nutzen Sie Ihr Kapital:
Ihre große Stärke ist Ihr Einfühlungsvermögen. Sie müssen gar nicht viel sagen. Hören Sie einfach nur aufmerksam zu, damit gewinnen Sie die Herzen. Ihr Taktgefühl in Ehren, aber scheuen Sie sich auch nicht, Ihre Gefühle auszudrücken. Wenn Sie mitleiden oder sich mitfreuen, lassen Sie es Ihr Gegenüber wissen. Das kommt immer gut an.

Hier sollten Sie sparen:
Dass Sie sensibel auf andere eingehen, heißt nicht, dass man Sie als seelischen Kummerkasten ausnutzen darf. Setzen Sie Grenzen und sagen Sie Nein, wenn Ihnen etwas zu viel wird. Verpacken Sie Ihre Eisenfaust gerne gefällig im Samthandschuh, aber weichen Sie keinen Schritt zurück.

(C) Ihr erotisches Kapital: Unkompliziertheit
Ihr großes Plus ist Ihre Natürlichkeit. Sie lieben das Leben, jedenfalls meistens, und kosten es gerne mit allen Facetten aus. Mit Ihnen kann man herzlich lachen, Ihre gute Laune und Ihr Humor wirken ansteckend. Sie sagen offen, was Sie wollen. In Ihrer Nähe fühlt man sich einfach wohl.

So nutzen Sie Ihr Kapital:
Punkten Sie mit Spontaneität, verführen Sie mit Ungeplantem. Privat kann das so aussehen: »Ich habe gerade zufällig einen sensationell günstigen Flug nach London gefunden. Wir fliegen nächstes Wochenende.« Im Job: »Wir könnten doch unter unseren Kunden eine Teilnahme am Hundeschlittenrennen verlosen.«

Hier sollten Sie sparen:
Ihre Unkompliziertheit ist Ihr erotisches Kapital. Das büßen Sie jedoch ein, wenn daraus »zu pflegeleicht« wird. Wenn Sie, ob männlich oder weiblich, zum guten Kumpel mutieren und ganz selbstverständlich so behandelt werden, sollten bei Ihnen die Alarmglocken schrillen. Das ist nämlich extrem unerotisch. Streuen Sie also durchaus ab und zu ein Quäntchen Kompliziertheit ein oder machen Sie sich rar.

(D) Ihr erotisches Kapital: Coolness

Laut und schrill passt nicht zu Ihnen. Sie geben sich eher zurückhaltend. Auf diese Weise wirken Sie meist erst auf den zweiten Blick, doch dann umso nachhaltiger. Bei Ihnen muss man eben die Signale entschlüsseln können, etwa ein Lächeln oder die beiläufige Frage: »Soll ich dir einen Kaffee mitbringen?«

So nutzen Sie Ihr Kapital:
Der Spruch »Was nichts kostet, ist nichts« lässt sich auch auf die erotische Ausstrahlung übertragen. Seien Sie auf angenehme Weise anspruchsvoll. Lassen Sie Ihre Seelenverwandtschaft mit Oscar Wilde durchblicken: »Ich habe einen ganz einfachen Geschmack: Ich wähle immer das Beste.« Punkten Sie lässig mit Ihrem Wissen. Intelligenz kann ja so attraktiv sein, vorausgesetzt, sie kommt nicht besserwisserisch daher.

Hier sollten Sie sparen:
Ihre Selbstdisziplin ist hervorragend, aber seien Sie nicht durchgängig kontrolliert. Das wirkt nämlich eher kalt.

Zeigen Sie an geeigneter Stelle auch Emotionen: Werden Sie richtig wütend, vergießen Sie vor ausgesuchtem Publikum auch mal Tränen.

(E) Erotische Kapitalistin / Erotischer Kapitalist

Sie können Ihr erotisches Kapital mit (mindestens zwei) vollen Händen ausgeben. Lesen Sie unter den entsprechenden Buchstaben, wo genau es bei Ihnen liegt. Vergessen Sie jedoch nicht: Wer viel besitzt, muss besonders darauf achten, dass er es passend einsetzt. Machen Sie es von der Persönlichkeit Ihres Gegenübers und der jeweiligen Situation abhängig.

Wie man mit Charisma Krisen bewältigt

Solange alles gut läuft, kann man sein Charisma problemlos zeigen. Doch erst in Krisen und schwierigen Situationen zeigt sich, ob es Bestand hat. Sie sind die Nagelprobe dafür, was wirklich in uns steckt. Man kann immer wieder beobachten, wie jemand, dem man vorher durchaus charismatische Züge zugeschrieben hat, in öffentlichen oder persönlichen Krisen versagt. Das Charisma verflüchtigt sich; plötzlich wirkt jemand hilflos, ratlos oder verhält sich wie ein verwöhntes Kind. Das zeigt sich beispielsweise bei manchen Wirtschaftsbossen und Politikern wie Gerhard Schröder. Dank seines Charismas punktete er während des Wahlkampfes im TV-Duell gegen Edmund Stoiber. Als er aber gegen Angela Merkel die Wahl verlor, verlor er während einer TV-Sendung die Beherrschung, weil er seine Niederlage nicht akzeptieren wollte. Es zeigt sich, wie brüchig Charisma sein kann, wenn es nur auf Autorität aufbaut und die übrigen Elemente wie Herzenswärme und echtes Interesse an anderen fehlen. Diese Eigenschaften bewahren einen davor, dass man in Krisenzeiten nur noch daran denkt, wie man seine eigene Haut rettet oder sein Image bewahrt. Krisen und schwierige Situationen können aber auch eine Chance sein, das eigene Charisma zu verändern oder überhaupt erst zu entwickeln.

Charisma entsteht durch Herausforderung

Er war ein spindeldürres, kränkelndes Kind. Das Lernen fiel ihm schwer, und er beneidete seine sportlichen Klassenkameraden. Später studierte er Jura. Er wurde Rechtsanwalt, doch schon sein erster Prozess endete im Desaster. Im Gericht hatte er so starkes Lampenfieber, dass er kein Wort herausbrachte. Er war äußerlich unattraktiv und stieß durch seine sture Art viele vor den Kopf. Diesem jungen Mann hätte in dieser Zeit gewiss niemand Charisma zugeschrieben. Sein Name: Mohandas Karamchand Gandhi.

Zu Mahatma (»große Seele«) Gandhi wurde er erst, als er seine Lebensaufgabe fand, als er sich zum politischen und geistigen Führer der indischen Unabhängigkeitsbewegung entwickelte. In dieser Funktion wurde Gandhi weltberühmt und für viele ein Vorbild. Wann immer von positiven charismatischen Führern die Rede ist, fällt sein Name.

Mahatma Gandhi ist ein Beispiel dafür, dass Charisma manchmal erst durch eine bewältigte Herausforderung entsteht. In einer schwierigen Lage kommen verborgene oder ungenutzte Qualitäten zum Vorschein und machen eine bisher unscheinbare Person zum charismatischen Leitbild. Ein inakzeptabler Zustand ruft jemanden auf den Plan, der die Situation ändern will. Dabei handelt es sich nicht um ein egoistisches, sondern um ein idealistisches Motiv. Das zeigt sich daran, dass die betreffenden Personen bereit sind, persönliche Opfer zu bringen und Risiken in Kauf zu nehmen. Oft bewahrheitet sich dann das Sprichwort »Man wächst mit seinen Aufgaben«. Schüchterne stellen sich mutig vor ein großes Publikum, Weichherzige verhandeln plötzlich hartnäckig. Eine innere Kraft gibt ihnen das Gefühl, es nicht allein für sich zu tun, sondern vor allem für andere. Gleichzeitig gehen sie dabei aber nicht wie Rambo vor, sondern zeigen eine hohe Sensibilität im Umgang mit den Gefühlen anderer. Das gilt nicht nur für Schlüsselfiguren des Weltgeschehens, sondern auch für ganz normale Menschen des Alltags. Im Kleinen wie im Großen sind die Bedingungen nämlich vergleichbar. Auch wenn man nicht zu den Lichtgestalten zählt, so kann man für sein Charisma doch aus ihren Erfahrungen lernen: In kritischen Situationen sollte man nicht resignieren oder kneifen, sondern mutig dagegen angehen. Es gibt keine Garantie, dass man erfolgreich dabei ist, doch allein durch das Engagement für eine gute Sache gewinnt man besondere Energie.

Lydia, 43, arbeitete in einem Seniorenheim als Altenpflegerin. Die Heimleitung war eindeutig mehr am finanziellen Gewinn interessiert als an den betagten Bewohnern. Das Essen war ziemlich schlecht, meist gab es Tütensuppen und Marmeladenbrote. Die Pflegekräfte wurden zurechtgewiesen, wenn sie sich zu intensiv um die Bewohner kümmerten, anstatt zügig ihre Arbeit zu verrichten. Der Ton im Hause war herabwürdigend. Lydia empörte dieser Zustand. Obwohl sie sonst eher sanft und zurückhaltend war, überzeugte sie ihre Kolleginnen, sich gemeinsam gegen diese Missstände zu wehren. Sie aktivierte die Verwandten der Heimbewohner und drohte der Leitung mit der Presse. Ihr war klar, dass man ihr wahrscheinlich kündigen würde, aber das nahm sie in Kauf. Sie schaffte es letztendlich tatsächlich, die Bedingungen im

Heim entscheidend zu verbessern. »Das hätte ich Lydia gar nicht zugetraut«, sagte eine Kollegin bewundernd. »Plötzlich trat sie ganz anders auf, so selbstbewusst.«

Charisma hilft in schwierigen Zeiten

Oft sind es aber auch bereits entwickelte charismatische Eigenschaften, wie Selbstvertrauen, Einfühlungsvermögen, innere Stärke, die dazu beitragen, kritische Situationen zu bewältigen.

Eines der großen Vorbilder für das Überwinden selbst furchtbarster Umstände auf der Basis einer starken Persönlichkeit ist Viktor Frankl, ehemals Professor für Neurologie und Psychiatrie an der Universität Wien und Begründer der Logotherapie. Auf dem Weltkongress für Psychotherapie 1994 in Hamburg war er schon fast 90 Jahre alt und gebrechlich. Aber als er zu sprechen begann, war von Alter oder körperlicher Schwäche nichts mehr zu spüren. In der bis auf den letzten Platz gefüllten Kongresshalle war es mucksmäuschenstill. Wie wohl alle anderen war auch ich von der Persönlichkeit des Redners tief beeindruckt. Er ist ein wahrhaftiger Zeuge dafür, dass es möglich sein kann, sogar die grauenvollsten Erlebnisse mit innerer Haltung zu überwinden. Seine Eltern und seine Frau wurden in Konzentrationslagern ermordet, er selbst wurde nach Dachau deportiert. Noch in dieser extremen, hoffnungslosen Situation fand er einen Sinn im Bewahren von Würde und Menschlichkeit, im seelischen Aufrichten verzweifelter Mithäftlinge und in dem Vorsatz, dass, wenn er den Schrecken überlebte, er als Zeuge davon berichten würde.

Menschen, die in schwierigen Zeiten Größe beweisen und dadurch ihr gesamtes Umfeld zum Positiven verändern, setzen meist diejenigen ihrer charismatischen Eigenschaften ein, die in der jeweiligen Situation erforderlich sind, etwa ihr Interesse an anderen oder das konsequente Festhalten an eigenen Wertvorstellungen.

Wie Nelson Mandela, den man wegen seines Widerstandes gegen die Apartheidpolitik jahrelang inhaftierte. Zunächst brachte man ihn in das Gefängnis auf Robben Island, wo die Gefangenen ausgesprochen hart behandelt wurden. Mandela weigerte sich, auf die Zustände mit Hass zu reagieren. Er sprach immer freundlich mit den Wärtern und lernte ihre Sprache Afrikaans, um sie besser zu verstehen. Am Ende wurden er und sein Gefängniswärter Christo Brand sogar Freunde. Mandelas Haltung befähigte ihn nach seiner Gefangenschaft, Wegbereiter für ein demokratisches Staatswesen zu werden. Am Tage seiner Freilassung leitete er in einer Rede vor 120 000 Zuhörern in einem Stadion von Soweto öffentlich seine Politik der Versöhnung ein, indem er alle zur Mitarbeit an einem nichtrassistischen und demokratischen Südafrika aufrief.

Es ist inspirierend, anhand solcher Biographien zu sehen, welche Kraft Charisma in Krisenzeiten entfalten kann. Aber die meisten von uns kommen sich im Vergleich zum heldenhaften Verhalten dieser Menschen wohl eher klein vor. Uns werfen schon weit weniger gravierende Situationen aus der Bahn, und in Krisenzeiten packt uns eher die Verzweiflung, als dass wir sie tapfer durchstehen. Aber wir sollten Mitgefühl mit uns selbst haben. Es ist verständlich, dass wir erschüttert sind, wenn wir eine Trennung, eine Kündigung oder einen Unfall erleben, wenn ein nahestehender Mensch stirbt oder wir die Diagnose einer unheilbaren Krankheit erhalten. Doch nach einem berechtigten und notwendigen Aufenthalt im Tal der Tränen müssen wir uns entscheiden, wie wir mit dem Unglück umgehen wollen: Sollen wir mit unserem Schicksal hadern und allmählich verbittern? Resignieren, in Depressionen versinken? Oder wollen wir uns innerlich aufrichten und die Krise bewältigen? Da das leichter gesagt als getan ist, habe ich einen Experten um hilfreiche Ratschläge für die Bewältigung von Krisen gebeten.

Interview mit Professor Bijan Amini: Wie bewältigt man eine Krise?

Professor Dr. Dr. Bijan Amini war 32 Jahre Erziehungswissenschaftler an der Universität Kiel. Er hat die Krisenpädagogik als neuen Bereich in der Pädagogik begründet, zu der Theorie und Praxis der Krisenbewältigung gehören.

Eva Wlodarek: »Herr Professor Amini, was ist eigentlich eine Krise?«

Professor Amini: »In der Krisenpädagogik wird die Krise definiert als ein Bruch in der Kontinuität unseres Lebensverlaufs. Plötzlich kommt ein Einbruch, ein Schnitt – und auf einmal geht die Normalität nicht so weiter. Um es in einem Bild zu beschreiben: Wir wollen wie üblich aus dem Haus auf die Straße treten, und die Straße ist nicht mehr da.«

Eva Wlodarek: »Kommt so eine Krise immer von außen?«

Professor Amini: »Sie kann auch von innen kommen. Denken Sie nur an eine endogene Depression, die plötzlich auftaucht. Außerdem gibt es so genannte Normalkrisen wie die Pubertät, die seelische und körperliche Umwälzungen auslösen. Und es gibt akzidentelle Krisen, also Zufälle, die jedem Menschen passieren können, wie etwa ein Autounfall. Oder man geht zu einer Routineuntersuchung, und der Arzt entdeckt Krebs. Solche Brüche bedeuten eine Krise. Die Krise beendet die Normalität und erzwingt einen schmerzhaften Neubeginn. Das Wort ›Krise‹ kommt aus dem Griechischen und bedeutet ›entscheidende Wende‹.«

Eva Wlodarek: »Gibt es Eigenschaften oder Charaktermerkmale, die einem helfen, eine Krise leichter zu überwinden?«

Professor Amini: »Schwimmen lernt man im Wasser. Wenn einen der Schlag getroffen hat, dann liegt man erst einmal am Boden. Aber ich glaube, dass Menschen, die zu einer Philosophie des Lebens gefunden haben, wesentlich besser damit umgehen können, wenn eine Krise sie heimsucht. Wir können Krisen nicht umgehen, also sollten wir beizeiten lernen, mit ihnen umzugehen. Krisenpädagogik hilft auf jeden Fall.«

Eva Wlodarek: »Was verstehen Sie unter einer Philosophie des Lebens?«

Professor Amini: »Das kann eine Religion sein, an die man glaubt. Dann sagt man sich: ›Gott hat mir diese Krise geschickt, und er hat sich etwas dabei gedacht. Ich glaube, dass diese höhere Macht mich nicht quälen will, sondern prüfen möchte, ob ich mich auch bewähren kann.‹ Aber es muss nicht unbedingt eine Religion sein; es gibt auch philosophische und psychologische Standpunkte, die einem helfen. Für mich persönlich ist Friedrich Hegel der größte Lebensphilosoph. Nach Hegel gibt es im lebendigen Bereich immer ein Pulsieren zwischen einem Pol und seinem Gegenpol. Auch die Krisenpädagogik knüpft hier an und sagt: Jede Krise hat eine Kehrseite, nämlich Entwicklung und mentale Reifung, ja Charisma.«

Eva Wlodarek: »Das heißt, wir sollten danach Ausschau halten, ob die Krise nicht auch etwas Gutes enthält?«

Professor Amini: »Ja, das Potenzial dazu haben wir alle in uns. Wir können etwas aus dem machen, was das Schicksal mit uns macht. Es gibt ja keine Währung, mit der man Charisma, Charakterstärke oder Persönlichkeitsreife bezahlen kann. Das gilt auch für Sinn oder Liebe. Das Wesentliche im Kern des Menschen, das Wertvolle, das Geistige, lässt sich nicht kaufen. Die einzige Währung, in der man solche Dinge erwerben kann, ist die *Be*währung.«

Eva Wlodarek: »Dann sind Krisen ja Geschenke für unsere Entwicklung.«

Professor Amini: »Zumindest Angebote. Das erlebe ich oft, nachdem Menschen ihre Krisen bestanden haben. Dann sind sie der Krise dankbar. Ein Beispiel: Eine Frau ist von ihrem Mann verlassen worden, weil der sich in eine Jüngere verliebt hat. Die Frau ist verzweifelt und sagt: ›Wir waren so viele Jahre verheiratet, ich habe mein ganzes Leben meinem Mann geopfert. Jetzt ist er mit einer Zwanzigjährigen zusammen, und ich sitze hier alleine.‹ In der Krisenberatung kamen wir zu dem Ergebnis, dass ihre Ehe eigentlich von Anfang an mehr negativ als positiv verlaufen ist. Daraufhin sagte ich ihr: ›Können Sie sich vorstellen, dass die junge Frau Ihnen geholfen hat, dieser unschönen Ehe ein Ende zu setzen und ein neues Leben anzufangen?‹«

Eva Wlodarek: »Indem wir einen Sinn in der Krise sehen, können wir sie besser bewältigen?«

Professor Amini: »Genau! Und vor allem in der Lebenseinstellung: Egal, was mir passiert, der Sinn besteht darin, dass ich vorankomme. Schließlich steht ja nirgendwo geschrieben, dass wir uns nur entfalten können, wenn wir glücklich sind oder wenn es uns immer nur gut geht. Wir leben in einer Welt der Polarität, und die hat gute und ungute Phasen. Beide sind notwendig wie das Einatmen und Ausatmen. Niemand kann nur den einen Pol wollen und den anderen nicht. Wenn wir diesen universalen Zusammenhang verstehen, können wir die Krisen besser in unser Leben integrieren.«

Eva Wlodarek: »Es gibt also doch eine Art der Vorbereitung?«

Professor Amini: »Zur Vorbereitung dient die Frage: Was will das Leben von mir? Wohlgemerkt nicht, was *ich* vom Leben will. Das weiß ja jeder: Ich möchte reich sein, ich will gesund und glücklich sein, ich will ein schönes Haus, ein tolles Auto und so weiter. Aber was will *das Leben* von mir? Wie soll ich mich bewähren? Wenn ich scheitere, nehme ich dann einen Strick oder erkenne ich: Ich hatte eine falsche Vorstellung? Eine gute Vorbereitung ist die Beschäftigung mit der Frage:

Was sind die Urgesetze des Lebens? Wenn wir uns mit solchen Dingen vertraut gemacht haben, dann kann uns eine Krise nicht so enttäuschen, dass wir schlimmstenfalls Selbstmord begehen. Wir sehen dann zum Beispiel: Ich war viele Jahre gesund, jetzt bin ich krank. Muss ich nicht auch dankbar sein, dass ich so lange gesund war? Wer bringt es fertig, seinen Glauben an Gott aufrechtzuerhalten und zu sagen: ›Ich danke dir, dass du mir diese Krankheit geschickt hast, aber nun hilf mir, herauszufinden, wie ich mich in dieser Krankheit bewähren soll.‹ Das wäre ein Baustein für Charisma.«

Eva Wlodarek: »Mal ganz praktisch gesehen: Gibt es eine Technik oder Übung, mit der ich erkennen kann, wie ich am besten mit der Krise umgehe, was ich aus ihr lernen soll?«

Professor Amini: »Mit dem Begriff ›Technik‹ tue ich mich schwer. Wir Menschen sind keine Roboter, die man programmieren kann. Aber ich kann zunächst etwas Wichtiges tun, indem ich mir sage: ›Du darfst dem Leben keine Bedingungen stellen.‹ Das ist eine logische Schlussfolgerung der Lebensphilosophie. Ich darf nicht Gott fragen: ›Warum hast du mir das geschickt?‹ Gott wäre nicht Gott, wenn er mir auf eine gängelnde Frage Antwort geben würde. Die Frage muss umgekehrt gestellt werden: Mir ist die Krise nun einmal passiert, und jetzt soll ich antworten, wozu dieser Schlag gut sein könnte. Zum Beispiel, was ich aus dieser Krankheit lernen könnte. Ich soll mich bewähren und herausfinden, was ich speziell aus dieser Krise lernen soll, was ich aus keiner anderen Lebenssituation lernen könnte. In einer Prüfung sagt der Prüfling auch nicht: ›Herr Professor, die Frage ist zu schwer, fragen Sie mich doch bitte etwas Leichteres.‹ Der Prüfling darf keine Fragen stellen, er muss antworten. Genau diese Situation haben wir in der Krise auch. Die Krise ist die Frage, und wie ich darauf antworte, davon hängt ab, wie stark ich wachse oder ob ich versage.«

Eva Wlodarek: »Aber woher weiß ich, was ich antworten soll?«

Professor Amini: »Das herauszufinden ist die Arbeit an der Persönlichkeit. Es ist der Baustein, den man richtig einzusetzen hat, wenn man das Haus der Persönlichkeit baut. Wer über einen Ziegelstein stolpert und sich ärgert, dass der da liegt, versäumt etwas, nämlich: Wo kann ich diesen Ziegelstein in meinem Haus einsetzen? Wer mit dieser Einstellung sucht, findet plötzlich eine wunderbare Stelle, wo exakt dieser zufällig gefundene Ziegelstein wunderbar hineinpasst.«

Eva Wlodarek: »Das heißt, wir haben dieses Wissen schon in uns?«

Professor Amini: »Ja, absolut. Das zeigt auch die Traumforschung in der Krisenpädagogik. Wenn das Problem umrissen und die eine oder andere mentale Fixierung gelöst ist, dann empfehle ich: Achten Sie diese Nacht auf Ihre Träume. Neun von zehn Gesprächspartnern oder -partnerinnen träumen dann tatsächlich. Im Traum liegt exakt die maßgeschneiderte Lösung für die aktuelle Krise. Ich glaube, hier liegt ein Geheimnis der Schöpfung verborgen. In jedem von uns ist das Wissen für unser bestes Lebenskonzept vorhanden. Nur, es ist verschüttet. Krisen geben uns eine Gelegenheit, dieses wertvolle Wissen, ich nenne das die innere Wahrheit, zu entdecken.«

Eva Wlodarek: »Wie verändern sich nach Ihrer Erfahrung Menschen, die eine Krise überwunden haben?«

Professor Amini: »Es verändert sich etwas im Denken, im Verhalten, in den Einstellungen und Wertvorstellungen. Das Erste ist, dass die Menschen bescheidener werden. Das Letzte und Höchste, was ich feststelle, ist, dass sie weniger materiell denken. Sie entwickeln einen Blick für die Einheit im kosmischen Zusammenhang. Sie lernen sich selbst mehr zu lieben, auch andere zu lieben, sogar Tiere und Pflanzen. Man wird auch innerlich gelassener, wird nicht gleich aus der Bahn geworfen.«

Eva Wlodarek: »Es gibt aber auch Menschen, die an einer Krise zerbrechen und keinen Sinn mehr darin sehen können. Ich denke da an eine Frau, deren Tochter von einem Geisterfahrer getötet wurde und die daran vor Kummer gestorben ist.«

Professor Amini: »Nicht jede Krankheit ist heilbar, und nicht für jede Krise gibt es eine Lösung. Diese Frau hat ihre Tochter so sehr geliebt, dass ihr das Leben unerträglich wurde. Mit welchem Recht kann man da vor sie treten und sagen ›Suche nach einem Sinn‹? Nicht jedes ›Schick-sal‹ lässt sich in ein ›Mach-sal‹ ummünzen. Es ist gut, wenn wir Menschen erkennen, dass es für uns Grenzen gibt.«

Eva Wlodarek: »Sie sehen auch ein Versagen in der Krise mit großem Respekt?«

Professor Amini: »Absolut! Dennoch ist es mein Bestreben als Krisenpädagoge, zu helfen. Die Aufgabe besteht nicht darin, das Leben aufzugeben, sondern der Krise einen Sinn abzuringen. Mich erfüllt es mit Freude, wenn das gelingt. Aber Sinn zu finden, das ist die Aufgabe, die uns das Leben Tag für Tag stellt, in guten wie in schlechten Zeiten. Selbst dann, wenn jemand beschließt, seinem Leben ein Ende zu machen, sieht er in dieser letzten Tat noch einen Sinn, sonst würde er das lassen.«

Mit Charisma leben

Plötzlich Prinzessin heißt ein charmanter Film, in dem ein ganz normales junges Mädchen erfährt, dass es die Enkelin einer Königin ist. An deren Hof muss es dann zunächst mit dem royalen Luxus zurechtkommen, aber auch mit den Fallen und Stolpersteinen, die es für frischgebackene Prinzessinnen gibt. Es dauert eine Weile, bis sich die junge Dame auf die veränderten Lebensbedingungen eingestellt hat.

Es kann einem in puncto Charisma ähnlich ergehen, auch wenn man es nicht gerade über Nacht erreicht. Man muss sich erst an seine besondere Wirkung gewöhnen. Das Leben ist nicht mehr wie vorher, es hat mehr Höhen, aber manchmal auch Tiefen. Das liegt daran, dass man sichtbarer geworden ist. Wer sein Licht nicht mehr unter den Scheffel stellt, sondern es leuchten lässt, fordert seine Mitmenschen damit heraus, auf ihn zu reagieren.

Charisma genießen

Es ist ein wundervolles Gefühl zu erfahren, dass wir ganz wir selbst sind und eine positive Wirkung auf andere haben. Das dürfen wir genießen. Wenn man uns ehrliche Komplimente macht, wenn wir Dank für unsere inspirierende Tätigkeit erhalten oder aufgrund unserer Ausstrahlung wertvolle Kontaktangebote bekommen, dann sollten wir das auskosten. Die E-Mail mit dem netten Feedback ausdrucken und zu Hause an die Pinnwand hängen, schöne Erlebnisse ins Tagebuch schreiben, einem guten Freund oder einer Freundin, die sich neidlos mitfreuen können, vom Erfolg erzählen.

Unser Charisma ist die verdiente Folge intensiver Arbeit an uns selbst. Etwas hat sich entscheidend verändert. Wir fühlen uns selbstbewusster, treten souveräner und authentisch auf, haben mehr Kontrolle über unser Verhalten und wissen, wie man erfolgreich kommuniziert. Wir dürfen stolz auf uns sein. Und voller Dankbarkeit für unsere jetzigen Möglichkeiten auf die Zeit zurückschauen, in der wir diese Wirkung nicht hatten, weil unsere Persönlichkeit noch von mangelndem Bewusstsein für unsere eigene Besonderheit und Attraktivität getrübt war. Diese Zeit ist vorbei. Wir *haben* Charisma.

Charisma zieht Ablehnung an

Leider müssen wir aber ebenso mit einem Effekt rechnen, der typisch menschlich ist: Je heller unsere Persönlichkeit leuchtet, desto mehr weckt sie den Unmut derer, die dadurch im Schatten stehen, etwa wenn im Job unser Verdienst an einem Projekt besonders herausgehoben wird, obwohl noch andere im Team daran beteiligt waren. Oder wenn wir im Wettbewerb dank unserer anziehenden Persönlichkeit mehr Erfolg haben als jemand, der fachlich vielleicht sogar überlegen ist.

Das musste Gerd, 49, Kunsthistoriker, erleben, als er sich auf eine leitende Stelle in einem Museum bewarb. Gerd ist ein charismatischer Mensch: Er kann andere begeistern und für eine Sache einnehmen. Man entschied sich für ihn, obwohl sein schärfster Konkurrent fachlich kompetenter war als er. Später hörte Gerd, dass dieser schlecht über ihn sprach.

Auch im Privatleben wird unser charismatischer Erfolg womöglich nicht nur wohlwollend aufgenommen. Schließlich degradiert er andere oft unabsichtlich zu Statisten oder Mauerblümchen.

Nina, 26, verlor aus diesem Grund ihre beste Freundin Susanne. Diese ertrug es nicht mehr, dass Nina immer im Mittelpunkt stand, wenn die beiden ausgingen oder gemeinsam in Urlaub fuhren. Susanne beendete die Verbindung ganz offiziell: »Ich habe keine Lust mehr, immer zuzusehen, wie die anderen um dich herumscharwenzeln und mich überhaupt nicht beachten. Werde glücklich mit denen, aber ohne mich!« Nina war sehr verletzt und trauerte Susanne noch lange nach.

Mit Ablehnung müssen wir also auch rechnen. Es gibt allerdings wirkungsvolle Strategien, Neid zu verhindern oder ihn zumindest abzumildern.

Auch andere glänzen lassen

Es ist ziemlich verführerisch, sich als charismatische Persönlichkeit in der Aufmerksamkeit anderer zu sonnen. Vor allem, wenn das keineswegs immer so war. Dann besteht Nachholbedarf, und wir können kaum genug davon kriegen. Hier müssen wir unbedingt diszipliniert bleiben. So, wie der Solist auf das Orchester verweist oder die Gewinnerin eines Filmpreises sich bei allen Mitwirkenden bedankt, sollten auch wir zurücktreten und deutlich diejenigen herausstellen, die ebenfalls am Erfolg beteiligt waren. Also nicht: »Vielen Dank für das Lob! Es macht mich stolz und glücklich«, sondern: »Wir freuen uns alle über das Lob. Schließlich haben wir es als Team geschafft. Ohne Hella und Sebastian wäre das Ergebnis nie so gut ausgefallen.«

Bescheiden auftreten

Anstatt Lob und Bewunderung als selbstverständliche Huldigung unserer charismatischen Persönlichkeit entgegenzunehmen, sollten wir unsere Leistung ein wenig relativieren, eine Schwäche zugeben oder zeigen, dass wir uns selbst nicht so bierernst nehmen. Wohlgemerkt: In diesem Falle bedeutet das nicht, sein Licht unter den Scheffel zu stellen – es leuchtet schließlich hell genug und wird gesehen –, sondern es signalisiert Bescheidenheit und Bodenständigkeit. Ein Meister dieser Taktik ist Karl Lagerfeld, der respektvoll als »Kaiser Karl« und »Modezar« bezeichnet wird. Wann immer ihn jemand in der Öffentlichkeit über den grünen Klee lobt, wiegelt er ab oder macht sich über seine Marotten lustig, etwa die übertriebene Liebe zu seiner Katze.

Mut zum Charisma

An einem Sommertag im Jahre 1955 ging Marilyn Monroe in Begleitung eines Fotografen durch New York. Obwohl dieser einige Aufnahmen von ihr machte, nahm niemand Notiz von ihr, man erkannte sie nicht. Marilyn hatte sich nämlich entschlossen, für eine Weile ihr Charisma abzustellen und einfach nur Norma Jeane zu sein. Kurz darauf fragte sie den Fotografen ein wenig provozierend: »Willst du *sie* jetzt sehen?«, womit sie »Marilyn, den Star mit Sexappeal« meinte. Sie knipste ihr Charisma an, indem sie sich mit gekonnter Körpersprache bewusst in Pose setzte. Augenblicklich wurde sie von Fans umringt, und der Fotograf hatte Mühe, sie aus der Menge ihrer Bewunderer loszueisen.

Diese kleine Episode wird gerne als Beleg dafür genommen, wie wirkungsvoll Charisma sein kann. Es lässt sich daran aber noch etwas anderes ablesen: Wenn man sein Charisma an- und ausknipsen kann, hat man nur die Erscheinungsformen verinnerlicht. Ein umfassendes Charisma, das darauf beruht, dass man auch seine Persönlichkeit entfaltet hat, lässt sich nicht so leicht manipulieren. Wenn Sie es besitzen, dann spielt es keine Rolle, ob Sie erkältet sind, mit strähnigen Haaren unter die Leute gehen oder auf einer Party mit einem Glas Wein schweigend herumstehen – Sie haben es einfach. Man muss sich nur darüber im Klaren sein, dass es einem durchaus weiche Knie machen kann, so im Mittelpunkt zu stehen und bewundert zu werden. Bescheidenere Naturen fragen sich dann möglicherweise: Darf ich das überhaupt? Ist das nicht vermessen? Egozentrisch? Nein, ist es nicht. Stehen Sie dazu, trauen Sie sich. Sie tun es nicht nur für sich. Von jetzt an gilt für Sie, was Nelson Mandela in seiner Antrittsrede thematisierte: »Wenn wir unser Licht leuchten lassen, ermutigen wir andere Menschen dazu, dasselbe zu tun.«

Dank

Ich bedanke mich bei Iris von Arnim und Professor Bijan Amini, dass sie dieses Buch mit ihrer besonderen Erfahrung bereichert haben.

Ebenso herzlich danke ich meinen charismatischen Lektorinnen Sibylle Meyer und Alexandra Krishnabhakdi. Ihre Inspirationen und ihre klugen Korrekturen waren für Inhalt und Form ein großer Gewinn.

Bibliographie

Assig, Dorothea / Echter, Dorothee: *Ambition. Wie große Karrieren gelingen*, Frankfurt am Main 2012

Bauer, Joachim: *Selbststeuerung. Die Wiederentdeckung des freien Willens*, München 2015

Childre, Doc / Martin, Howard: *Die HerzIntelligenz®-Methode: Gesundheit stärken, Probleme meistern – mit der Kraft des Herzens (HeartMath – HerzIntelligenz)*, Kirchzarten 2012

Duarte, Nancy: *Resonate oder wie Sie mit packenden Storys und einer fesselnden Inszenierung Ihr Publikum verändern*, Weinheim 2011

Förster, Anja / Kreuz, Peter: *Macht, was ihr liebt. 66 ½ Anstiftungen, das zu tun, was im Leben wirklich zählt*, München 2015

Fox Cabane, Olivia: *Das Charisma-Geheimnis. Wie jeder die Kunst erlernen kann, andere Menschen in seinen Bann zu ziehen*, München 2013

Goleman, Daniel: *Soziale Intelligenz. Wer auf andere zugehen kann, hat mehr vom Leben*, München 2008

Hakim, Catherine: *Erotisches Kapital. Das Geheimnis erfolgreicher Menschen*, Frankfurt am Main 2011

Kaplan Thaler, Linda / Koval, Robin: *The Power of Nice.*

Wie Sie die Welt mit Freundlichkeit erobern können, München 2008

Modler, Peter: *Das Arroganz-Prinzip. So haben Frauen mehr Erfolg im Beruf*, Frankfurt am Main 2012

Molcho, Samy: *Körpersprache des Erfolgs*, München 2005

Rubin, Gretchen: *Better Than Before. Mastering the Habits of Our Everyday Lives*, New York 2015

Rubin, Harriet: *Machiavelli für Frauen. Strategie und Taktik im Kampf der Geschlechter*, Frankfurt am Main 1998

Schafer, Jack / Karlins, Marvin: *Der Sympathie-Schalter. Ein FBI-Agent enthüllt, wie man Menschen für sich gewinnt*, München 2015

Tapert, Annette / Edkins, Diana: *The Power of Style. The Women Who Defined the Art of Living Well*, New York 1994